大きな木の枝にはしごがかけられており、その上に人がいます。
この人は昨日、大木の根元に、卵が落ちているのを見つけました。
ふかふかの落ち葉と腐葉土のおかげか、卵にはヒビひとつ入っていませんでした。
見上げれば樹上に、小鳥の巣があります。

家に帰ると一晩がかりで、この人ははしごを作りました。
そして今、巣に卵を返してやったところです。
一仕事終え、満足して、はしごを下りようとしています。

木の枝枝でたくさんの鳥たちが、この人のすることをじっと見つめています。
慎重に下り始めたこの人の肩に、そのうちの一羽が舞い降りて、とまりました。
肩に鳥をのせたまま、その人は静かに、はしごを下りていきます。
肩の鳥が、高らかに歌い始めました。
飛び去る様子はありません。

SANNEN NO HOSHIURANAI
LEO
2024-2026
ISHIIYUKARI

3年の星占い 獅子座 2024-2026

石井ゆかり

すみれ書房

はじめに

こんにちは、石井ゆかりです。

本書は2024年から2026年の3年間、獅子座の人々が歩んでゆくかもしれない風景を、星占いを用いて描いた1冊です。

3年という時間は短いようで長く、奥行きも深く、ひとまとめにして描き出すのは容易ではありません。本書はシリーズ4作目となるのですが、どう書けば読者の心に生き生きとした「3年」が浮かび上がるだろう、と毎回悩みます。短い小説を書いてみたり、おとぎ話ふうに仕立てたりと、これまでさまざまに試行錯誤してきました。

そこで今回たどり着いたのが「シンボル（象徴）」です。

世の中には「シンボル」がたくさんあります。「フクロウは『不苦労』で縁起がよい」「鳩は平和のシンボル」など、置物やお菓子のモチーフになったりします。

ニューヨークの「自由の女神像」のような大きなものから、襟元につける小さな「てんとう虫のブローチ（幸運を呼ぶ）」まで、人間は森羅万象、ありとあらゆるものに「意味」を見いだし、それを自由自在にあやつって、ゆたかな精神世界を編み上げてきました。

象徴など信じない、という科学的思考のはびこる現代社会にも、たとえば「国旗」「県の花」などがバッチリ制定されていますし、会社を設立すればたいていは、すぐにロゴとマークを制作し、名刺などに刷り込みます。これらも立派な象徴、シンボルです。現代を生きる私たちも、まだまだシンボルを手放したわけではないのです。

実は「双子座」「蟹座」などという星座、さらに「木星」「土星」などの惑星も、私たちがそこに意味を見いだした象徴、シンボルそのものです。

「シンボル」には、いい意味も悪い意味もあります。たとえば「サル」は賢さを象徴する一方で、ズルさを表すこともあります。たいていのシンボルは両義的、つまり吉凶、善悪の両方が詰め込まれています。

「シンボル」に与えられた「意味」を調べるのは、辞書で単語の意味を引くのに似ていますが、その広がりは大きく異なります。シンボルはそれぞれがひとつの宇宙のようで、そのなかに実に豊饒な世界を内包しているからです。

さらに、シンボルは想像力、イマジネーションでできあがっているので、外界に対してかたく閉じているわけでもなければ、その世界のサイズが決まっているわけでもありません。どこまでも広がっていく世界、ときには外界から新風さえ吹きこむ世界が、シンボルの抱いているミクロコスモスなのです。

たとえば「双子座の人」「乙女座の人」と言ったとき、その人々のイメージをひと言で限定的に言い表すことは、とてもできません。同じ双子座の人でも、その個性はさまざまに異なります。でも、そこに何かしら、一本似通ったベースラインのようなものが感じられたとしたら、それこそが「双子座」というシンボルの「軸」の感触なのです。シンボルとはそんなふうに、広がりがあり、開かれてもいる「世界観」です。

多くの人が、好きな数字や花、なぜか自分と近しく感じられる場所などを、心のなかに大切にあたためて「特別あつかい」しています。あらゆる物事のなかから特別な何かを選び出し、自分とのふしぎな結びつきを読み取る心が「象徴」の原点にあるのだろうと私は考えています。どれだけ科学技術が発達し、多くの人が自然科学にしか「エビデンス」を求めなくなっても、人の心が象徴を追いかける仕組みは、なかなか変わらないだろうと思います。

この3年間を生きるなかで、本書の軸となった「シンボル」が読者の方の心に、やさしい希望のイメージとしてよみがえることがあれば、とてもうれしいです。

3年の星占い―獅子座―2024年-2026年◎目次

ブックデザイン
石松あや
（しまりすデザインセンター）

イラスト
中野真実

DTP
つむらともこ

校正
円水社

1

3年間の風景

3年間の風景

冒頭の風景は獅子座の2024年からの3年間を見渡して、私が選んだ「シンボル」です。「なぞなぞ」のようなもの、と言ってもいいかもしれません。

以下にキーワードをいくつか挙げながら、「なぞなぞのたねあかし」をしてみたいと思います。

・「仕事」の達成

――はしごを作り、卵を返す

2024年なかばまでに、あなたは何かを「達成」しています。
または、目指してきた場所に「到達」しているのかもしれません。
ずっと試み続けてきたことを、成功させているのかもしれません。
あるいは、あこがれのポジションをつかみ取ったところかもしれません。
補助輪をはずしてはじめてひとりで自転車をこげるようになった！というのに

似た、「独立」を果たしたのかもしれません。

この「達成」「到達」「成功」を、一般に言う「仕事」において実現した人はたくさんいるでしょう。

さらにそれだけではなく、たとえば家庭生活とか、地域社会における活動、個人的な趣味の世界での取り組み、ボランティア、または純粋な創作活動や表現のような活動、また、庭で果実を育てたり、大切な人たちを助けたり、またはそのほかの、世間的には名前のつけようのない活動のなかで「達成」「成功」を経験した人も、もっとたくさんいるはずです。

ここでの「達成」はあなた自身のためのものでもありますが、それ以上に「だれかのため」だったのではないでしょうか。

利他的な気持ち、みんなの役に立ちたいという気持ち、あるいは、困っている人や弱っている人を助けたいと思う気持ち。そんな他者への思いが原動力となって、この時期の「到達」が実現したはずなのです。

ですから、あなた以上にあなたの成功を喜んでいる人が、今、あなたのまわりにたくさんいるのだろうと思います。

過去10年ほどの努力が報われる人もいれば、2018年ごろからの試みが成功する人もいるでしょう。また、2020年ごろから関わってきた人々が、いちばん喜んでくれているかもしれません。

この間の努力、試みは、「ひとりでやってきた」という観が強いのではないかと思います。もちろん、協力者や仲間、サポートしてくれる人々はちゃんといただろうと思うのですが、柱となるアイデアを出したり、重要なことを決断したり、手段を探し出したりするような、独創と実行力が必要なフェーズでは、常にあなたがひとりで決めて、動いてきたはずです。周囲の人々はそれに、ある意味「ついてきてくれる」存在だったのではないでしょうか。

新しい時代の技術や考え方を、率先して導入してきた人もいるでしょう。「時代についていく」ことを目指した人もいれば、「時代を切りひらく」ような活動に取り組んだ人もいるだろうと思います。

それには、多くを学び、考え、試行錯誤を繰り返す必要があったでしょう。プレッシャーやリスクを一身に引き受け、未経験のことや前例のないことに、果敢にトライしてきたあなたがいたはずなのです。

リーダーとしての孤独、先駆者としての孤独を深く味わった人もいるはずです。古いシステムや伝統的価値観を破壊するようなあなたの行動に、批判が寄せられたこともあるかもしれません。

でも、あなたはあきらめず、「独創」を信じてきました。

自分のなかに生まれた「これが目指すべきものだ」という信念に沿って、ブレることなく進んできたあなたがいます。より自由な生き方、より新しい生き方を求めて、長い前進を続けて、ここまでこられたのです。

そうした、長いあいだの孤独な積み重ねが、今、実を結びつつあります。


冒頭、「はしごを作り、卵を小鳥の巣に返してやる」という「仕事」をする人を登場させたのは、2024年前半までの「達成」をイメージしたものです。

ひとりではしごを作るという技術的な取り組み、自分の力と工夫で高い場所に登ってゆくこと、そして、それが小鳥という「他者」のための取り組みであること。こうした条件が、2024年前半までの獅子座の「達成」にぴったりのイメージなのです。

「小鳥に親切にする」ようなとき、小鳥からの見返りを期待する人はまず、いないだろうと思います。それでもこの「仕事」は人の心を満足させます。

もし、落ちている卵に傷もないのに「スルー」してしまったら、たいていはその後何日か、「あのとき、助けてあげるべきだったろうか？」と引っかかり続けるだろうと思うのです。

もちろん、現代社会における「仕事」の多くは、生計を立てるため、報酬を求めておこなわれます。

ですが、もともと私たちの「仕事」とは、もっと広い範囲の活動をカバーしています。たとえば幼い子どもや高齢の家族の世話をすることも、立派な「仕事」です。報酬がなくても、義務や責任として認められていなくとも、小鳥の巣に卵を返してやるようなことであっても、私たちの心がそれを「相手のために、やるべきことだ」と認識したなら、それはすべて「仕事」なのです。

・与えること、恩恵をほどこすこと

――母鳥を助ける

この「3年」は、獅子座の人々にとって「与える時間」です。

あなたの側に力や、能力や、意欲や、場合によっては財があり、それを必要とする人に、他意なく与えていく立場に立つのです。

2022年くらいまで、ギフトや恩恵、優遇など、比較的「受け取るもの」が多かった人にとって、この時期は突然きた「冬の時代」のように思えるかもしれません。「贈与」的な機会が、一見少なくなるからです。

でも、心配はいりません。

なぜなら、2025年なかばからそうした傾向は次第にやわらぎ、2026年には以前のように、「受け取るもの」が増えてゆくからです。さらに言えば、少々フライングですが、2027年には経済的な心配も解消します。

あるいは、この時期あなたは「与えている」という自覚を持たないかもしれません。ただ「やるべきことをやっている」という意識でいるのかもしれません。

または、「自分が他者に対して非常に強い影響力を行使している」ということを認めた上で、「本当にこのやり方でよいのだろうか？」と自問し続けているかもしれません。

少なくとも、自分が優位にあって劣位の人々を助けている、といった優越感のようなものは、ほとんどわいてこないでしょう。あなたの内なる誠実さと倫理観が、あなたに「与えている」という自覚を起こさせないのだろうと思います。

与える側に立つことで、蓄積されていくものもあります。

それは、信頼関係です。

他者との信頼関係はもちろん、自分自身との信頼関係も、強くたしかなものになります。

現代社会では、多くの人が、自分自身を信用していません。

どうしたら自分を信頼できるか、それがわからずに、苦しみ続けている人がたくさんいます。

「自信を持つ」ということは、「自分には力がある・自分は成功できると盲信すること」だと考えられています。

ですが現実に、本当に必要な「自信」とは、自分が自分を「信用する・信頼する」ということなのだろうと思います。

この時期、あなたは自分から自分自身への信頼感を高めていきます。

たとえば「だれも見ていないところで、小鳥に力を貸す」ような仕事をすることは、自分の自分に対する信頼感を大いに高めるのです。

なぜならそれは、だれに命令されたことでもなく、だれに期待されたことでもなく、なんの見返りも求めない、ただ自分が自分に命令しておこなわれただけのことだからです。

・社会的な自分から、個人としての自分へ

――はしごから下りてくる

2024年前半にひとつの「到達点」があり、2026年6月末から2027年7月にまたがる「スタートライン」があります。

獅子座のこの「3年」は、実は「登頂した山から下りてきて、新たなスタートラインに立つ」というプロセスなのです。

ゆえに、「3年の始まり」では、「はしごのてっぺん」にあなたがいます。

そこから慎重に下りてくるのが、2025年、2026年です。

「下りてくる」とはいったい、どんなことなのでしょうか。

一般には「上がる・上る」のがよいことで、「下がる・下る」は「悪いこと」と考えられています。

でも、ここでの意味はそうではありません。

登山を愛する人は、山の頂上を目指しますが、そこから下りてくるとき「次に登りたい山」のことを考えます。

ビジネスでひとつのプロジェクトを成功させたら、次はもっと大きなこと、また新しいことをやってみたい、というヴィジョンが浮かびます。

組織の頂点に上りつめ、そこでやるべきことを果たしたとき、「もう少し小さなチームで、もっと自由にやってみたい」と考える人がいます。

子どもが独立して「子育て」を終えたとき、「これからは、自分のやりたいことを思いきりやるぞ！」と奮起する人がいます。

「はしごのてっぺんから下りてくる」というのはつまり、そうしたプロセスです。

ひとつの社会的役割を果たして、そこから「ひとりの人間としての自分」に立ち返ること。

ひとりのまっさらな自分に戻った上で、新しい「てっぺん」を目指すこと。

そのプロセスは、しがらみを解きほぐしたり、古い組織から離脱したり、新天地に立ったり、新しいチームを結成したりすることで実現するのかもしれません。

あるいは「自分探しの旅」に出たり、いろいろな友だちと知り合ったりして、叶うことなのかもしれません。

たとえば「世間に揉まれる」とは、社会においていろいろな役割を体験し、さまざまな世界を行き来する、ということなのだろうと思います。

あるいは、学校を出てから就職し、ずっとその職場で勤め上げたとしても、仕事を通して関わる他者や、家族を介して見渡す世の中などに眼を開き続け、積極的にコミットしてきた人は、やはり「世間に揉まれる」経験をすることになるでしょう。


生活のなかで出会う「他者」はすべて、「世間」のかけらです。

そうした「他者」の顔をほとんど見ない人もいれば、一人ひとりと目を合わせ、できるだけコンタクトをとろうとする人もいます。

すべてを完全に「営業スマイル」「業務内容」ですませてしまう人がいる一方で、何かきっかけがあればひとりの人間として、声をかけようとする人がいます。


たぶん私たちは、自分の身のまわりだけの小さな価値観のなかで「閉じて」生きていくことができます。ですがその一方で、ひとつの場所に居続けながら、広く世界に耳目を開いて生きていくこともできるのだろうと思うのです。であれば、前者は「世間に揉まれる」経験が薄く、後者は濃い、ということになります。

2024年からの3年は、そういう意味で、獅子座の人々にとって「世間に揉まれる」時間と言えるかもしれません。

「世間に揉まれる」ことで、私たちはさまざまな役割を得、さまざまな顔を持ち、そして、「自分」というものを増やし、育ててゆきます。

子どものころは「みんないっしょ」です。同じようなランドセルを背負い、似たような服を着て、同じ場所で同じように学びます。

それが年齢を重ねるにつれ、徐々に道が分岐し、周囲と自分の「違い」「差」が重なっていきます。「個人」はそうした「違い」の集積でできています。

そう考えると、「みんなと同じ」から離脱できたときが、本当に「大人になった」

ときなのかもしれません。

2024年からの「3年」はそんなふうに、「違い」を増やしていくことで「個」がゆたかになってゆく時間です。

たとえば、「職場と家を行き来するだけ」の状態から、「週に1回、帰りに寄る場所ができる」ような変化が起こり、そうした変化がさらに増えていくかもしれません。同じことの繰り返しのなかに、異質な条件が入り込み、そのことが「自分」を個別化・個性化してゆくのです。

そのことによって、所属する場での振る舞いや、所属している世界との関係性も変化し始めます。

・新しい教え、新しい仲間

――鳥の群れ

たとえば、学校だけに通っている状態から、ある習いごとを始めたとき、同じ習いごとをしている違う学校の子どもと、友だちになれます。

「みんなと同じこと」だけをしているときには出会えなかった人に出会うのです。

前述のとおり、2024年からの3年間、あなたは「みんなと同じではない、自

分だけのこと」を増やしてゆくことになるでしょう。
すると、新しい出会いがやってきます。新たな友ができ、仲間ができ、関わりが広がり出します。

それはたとえば、はしごを下りてきた人の肩にとまった、あの小鳥のような存在です。小鳥は自分のいた群れを飛び出して、その人の肩にとまりました。人も、小鳥も、一対一です。

2024年からのあなたの人間関係は、そんなふうに、肩書きや所属を離れた「個対個」のかたちで広がってゆくでしょう。

そこにいるのは、組織の肩書きはもちろん、「○○ちゃんのママ・パパ」のような呼び方、だれかの「ご家族」であるとか、だれかの「お弟子さん」であるとか、そういったただれかほかの人々との結びつきによって規定される、部分的な、なんらかの仮面をかぶった「自分」ではありません。

そうしたものをまるごと、自分の人生全体としてまとめてアイデンティティとした「自分」になれるのです。

おそらく「個人としての自分」は、さまざまな肩書きや仮面を「脱ぎ捨てた」自分ではないのだろうと思います。

むしろ、さまざまな肩書きや仮面を自分のなかに積み重ねて、そのすべてをリュックに詰めて、ひょいと背負ったところの「自分」が、「個人としての自分」なのだろうと思うのです。

私たちは決して「他者とつながった自分」を、「自分」から完全に切り離すことはできません。

山ほどのエピソード、無数のナラティブ、星の数ほどあってすでに忘れてしまった過去の思いの積み重ねとして、「自分」がいます。

そうした「自分」を持っていることと、現実の他者とのしがらみから離脱することとは、矛盾しません。

思い出を持ったまま、思い出の場所をあとにして、ひとりで飛び立つことが可能です。

そして新しい仲間に出会ったとき、過去から吸い上げたことのすべてが「自分」の魅力や個性、力としてきらめきます。

たとえそれが悲しみや痛みであったとしても、非常にふしぎなかたちで、そのことが相手にとってのギフトとなることすらあるのです。

・特別なパートナーシップの始まり

――肩にとまった鳥

２０２４年以降、あなたはだれか特定の人とのあいだに、非常に強い結びつきを得ます。

この結びつきは、第三者には理解できないような深い思いを内包しており、意志や理性ではコントロールできないようなものです。

リアルタイムではそのつながりがあまりにも絶対的なものに感じられ、自分にとってどういう意味があるのか、心に何が起こっているのか、客観視することはむずかしいかもしれません。

２０４３年ごろまでをかけて、あなたと「その人」は魂を重ね合わせ、融け合わせるような体験をし、そこから新たな自分がフェニックスのようにたちあらわれます。

たとえば、かつてどちらかと言えばリーダー的な役割を担ってきた人が、ある人の力に魅了され、あえてサポート役にまわる、といったことが起こります。「自分はこういう人間だ」「自分の生き方はこうだ」と、ある意味無意識に受け入れてきたイメージが、だれかとの関わりをきっかけに、一変するのです。

パートナーとの関係性が大きく変わる人もいるでしょう。たとえば、仕事人間として生きてきた人が、あるきっかけから専業主夫となり、これまでとはまったく違った世界を目の当たりにする、といったことが起こります。

子どもを得て価値観が一変したり、「人が変わる」人もいるかもしれません。だれかとの一対一の結びつきが、自分のなかにあったある種の固定観念をドロドロに溶かしてしまうのです。そしてそのあとに、より大きな価値のあるイメージが浮かび上がります。

この時期の「関わり」は、意図的に選んだり、計算の上で決定したりできない傾向があります。内なる衝動、情念、強制的な感情によって、関係性やアイデンティティがなかば「勝手に」変成していきます。

小鳥を強制的に肩にとまらせることができないように、小鳥を意図的に歌わせることができないように、この時期の結びつきにはある意味で神秘的なところがあります。

「他者」はだれにとっても、広い広い世界への入り口です。他者とのつながりがなければ、世界はいつまでも自分を受け入れない、よそよそしい場所です。

他者と特別な結びつきが生まれたとき、私たちははじめて、自分の外側に広がる世界にコンタクトをとることができるようになります。

その意味で、２０２４年からの約20年は、世界が新しいかたちであなたを出迎え、受け入れる時間、と言うこともできます。

「その人」との関わりを扉として、その向こうに広がる世界に所属することになる時間が始まります。

はしごから下りた人の肩にとまった小鳥は、その先長くその人といっしょにいることになります。第三者には絶対にわからない強い絆が結ばれ、その人は鳥についいて深く知るようになり、さらにその向こうに広がる世界に招き入れられるのです。
そのつながりにはおそらく、愛が絡まりついています。

・自由なフィールドの完成
――「はしご」のもうひとつの意味

２０１８年ごろから、より自由な生き方を模索してきたあなたがいるはずです。

その「自由への模索」が、２０２６年４月末で一段落します。

約７年ほどをかけてあなたが試みたのは、主に「新しい社会的ポジション」を手に入れることだったのではないでしょうか。

より自由な働き方を求めてきた人もいるでしょう。

独立して前例の少ない活動に取り組んできた人もいるでしょう。

組織を改革した人もいれば、組織を脱出した人もいるでしょう。

新しい肩書きを創造し、その肩書きによって新しい役割概念を作ってきた人もいるでしょう。

ずっと否定的に見ていた生き方を、あえて自分のものとして選んだ人もいそうです。

なんらかの場でリーダー的な役割を得た人もいるでしょう。そこで、新しいリーダー像を構築できたかもしれません。

古い価値観ではとらえようがないような、新しい社会生活を実現した人もいるでしょう。

専門分野で「ブレイク」を果たし、脚光を浴びた人も少なくないはずです。

この7年のなかであなたが成し遂げつつあることは、少なからず人を驚かせたり、はっとさせたり、新しさを感じさせたりするものだろうと思います。
「それはどんな活動なのですか?」「その役割は、どんなことをするのですか?」などと聞かれるような、既成概念では「わかる」ことができない部分を含んでいるはずです。

2026年までのなかで、あなたの新しいフィールドの開拓が「完了」します。ここまでは試行錯誤の連続だったかもしれませんが、ここからはあなたの作った世界観や役割概念が定着し、軌道に乗るのです。

冒頭の「はしごを作り、卵を巣に返し、一仕事終え、はしごを下りる」というシーンは、この「2018年ごろからの試行錯誤が一段落する」というイメージにも重なっていました。

ひとりで手段を作り、ひとつの高みに達して何かを成し遂げ、このはしごはこれからもあなたが高いところで仕事をしようとするとき、いつでも自由に使えます。

それ以前は地面の上だけ、二次元的な世界で活動してきたあなたが、２０１８年ごろからの試みによってはしごという、もうひとつの次元を得て、より自由になったということなのです。

平面から空間への飛躍を遂げ、２０２６年以降のあなたの活動は、より大きな世界へと解き放たれます。

・2026年、特別なスタートラインに立つ

——小鳥の卵

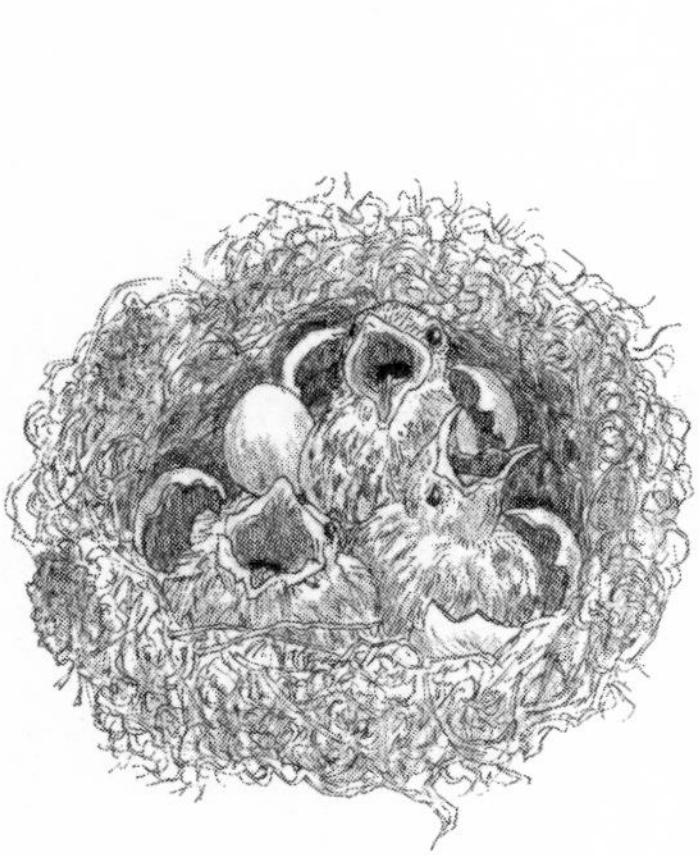

2026年は「出発ゲート」です。
二重の意味で「出発」することになります。
ひとつは、約12年のサイクルのスタートラインとしての「出発」です。
もうひとつは、遠い世界、未知の世界への長旅に出る「出発」です。
この長旅は、短くて3年ほど、長ければ2039年ごろまで、または向こう30年

ほどをかけて歩んでいく、大冒険のプロセスです。

新しい世界に飛び出していく人もいれば、新しい自分に「生まれ変わる」人もいるでしょう。

なんらかのかたちで「これまでいた世界」から離れることになりそうです。

生活全体が刷新され、社会的立場も大きく変わるかもしれません。

ここまでの3年間が「古い場所から新しい場所への移動」の道のりだったとしたら、２０２６年は完全に新しい場所に移動しきるタイミングと言えます。

巣のなかの卵は、あなたの２０２６年からの新しい世界を内包しています。

２０２４年からの3年間は、3年後の「新しい世界」の可能性をあたためるときであり、可能性を増やす時間でもあるのかもしれません。

卵が孵《かえ》る2026年、ほかの卵もいっしょに孵ります。つまり、新しい仲間ができます。

2024年なかばから2025年なかばも、友や仲間の増える時間でしたが、2026年初夏以降2033年ごろにかけては、宇宙人のような仲間たち、とても個性的な友に恵まれます。交友関係の在り方自体が、ドラマティックに変革されていくかもしれません。

友や仲間という言葉に、なつかしさ、郷愁を感じる人もいます。でも、2026年以降の友や仲間には、そうした過去にまつわる感情はほとんど関係がないだろうと思います。2026年以降の友と仲間は、刺激と、未来への希望と、新しい知恵と、自由をくれる人々です。

卵から孵ったばかりの小鳥のように、あなたと同じくフレッシュな魂を伸ばしていこうとする、まっさらなところのある人々なのです。

・「地力」をつける
――ふかふかの腐葉土

ふかふかの腐葉土は、森の滋養です。

私たちは輝く花の色彩やきらめく緑に目を奪われますが、植物が繁茂するには、ゆたかな土が必要です。

２０２４年から２０２６年前半までのあなたは、たとえるなら「土を作る」ような作業を進めていくことになるのかもしれません。

ここでどのくらいゆたかな土を作れるかが、その先の花や緑の広がりを左右するはずなのです。

この3年で、とにかく貪欲に学び、多くの人と関わり、知見を広げ、思索を深め、人と接する時間と同じくらい、自分自身と語り合う時間を持つあなたがいるでしょう。

学べば学ぶほど自信がなくなり、不安になり、孤独を感じるかもしれませんが、それこそが本物の地力を創り上げるときの感覚なのだと思います。

人間は知れば知るほど、自分が知らないことの多さに気づかされ、その膨大さに圧倒されるのです。

2024年前半と2026年後半以降は、とても華やかで変化に富んだ時間です。両者にはさまれた時間は、過去の経験と新しい知恵を結びつけ、しっかりとゆたかな土を作るための時間と言えます。

そこで作った土が、2026年後半以降の「花も実もある時間」の根拠になるのです。

獅子座は自己表現の星座です。

ゆえに、舞台に立つ前の努力の重要さ、表現のための準備と訓練の大切さを熟知しています。

2024年後半から2026年前半は、どこか「舞台裏」「稽古場」「楽屋」のような世界と言えます。そこでどれだけ汗を流せるかが、その先の舞台の上でのパフォーマンスを左右するのです。

2024年後半から2026年前半の時間は決して「地味な、何もない時間」ではありません。

むしろ、この間に本物の忙しさ、本当のクリエイティビティが詰め込まれています。自分のなかからあらゆる可能性を絞り出した先で新たな種をまき、その後、自分でも驚くほどの発芽と開花を目にするあなたがいるはずです。

2

1年ごとのメモ

2024年

2024年から2026年、それぞれをムリヤリひとつのキーワードで表すと、次のようになります。

2024年は「到達点」。
2025年は「移行期間」。
2026年は「出発点」です。

ゴールテープを切ったあと、粛々と次の場所まで移動すると、そこにスタートラインが引かれているのです。

もちろんほかにもさまざまな特徴があるのですが、大まかに言うとそうしたイメージになります。

では、まず２０２４年から考えてみたいと思います。

・「到達点」に立つ

２０２３年5月17日から２０２４年5月26日のあいだ、獅子座の人々はひとつの「到達点」に立ちます。過去10年ほどをかけて目指した場所にたどり着ける時間帯なのです。

主に、社会的立場が変わる人が多いでしょう。

仕事の上では転職や異動、昇進、独立、起業、引き抜きや大抜擢など、さまざまなかたちで今までとは違った社会的ポジションを得ることになります。さらに、退職して創作の道に入るとか、家庭を持って家族のケアをするとか、念願だった場所に移住してまったく新しい暮らし方をスタートさせる、などの選択をする人もいるはずです。

いずれも、「自己紹介の内容が変わる」ような変化です。

この時期の「社会的立場の変化」は突発的に、意外な方向に起こっていく傾向があります。予定調和を乱すような、だれもが想像するようなかたちを壊してゆくような、そんなフレッシュな条件を含んでいるのです。

ゆえに、「今度こんなことを始めました」「今はこんなことをやっています」といった話を他人にしても、なかなか理解してもらえないかもしれません。既存の枠組みに当てはまらないような生き方が、ここから始まる可能性があるのです。

なかには「大ブレイク」を果たす人もいるでしょう。

突然脚光を浴びたり、ライバルをごぼう抜きしたり、あれよあれよというまに特別な場所に立っていた、といった急展開もあり得るときです。

だれかの代打がきっかけで脚光を浴びるとか、ちょっとした失敗が大きなチャンスに転じるとか、一見トラブルのような出来事がステップアップへの扉になるケースもあります。


この時期の「成功ルート」は決して平坦でも、まっすぐでもありません。ドタバタしながら進んでいったらいつのまにかワープしていた！ といったことになりやすいのです。

こうしたときは、楽観的な態度、そして陽気な雰囲気作りが役に立ちます。想定外のことが起こったときこそ、明るく前向きな姿勢でいる人が、ジャンプアップしていくのです。

獅子座は「不動宮」で、基本的には変化を嫌う傾向があります。安定した、変化の少ない環境のほうが持ち味を発揮しやすいと感じるようです。

でも、獅子座の人々はふしぎな明るさとあたたかさ、陽気さを持っていて、周囲が動揺したり、意気消沈したりしているとき、しっかりとその人たちを支え、気持ちを立て直す手掛かりを提供できます。

2024年のあなたの「到達・成功」には、その持ち前のあたたかさ、明るさが大きく関与しています。たとえ「成功」でも、突発的な「成功」は、リアルタイムではトラブルのようなものなのです。そこで「これはすごく大変だけれど、チャンスでしかない！」ととらえ直す力が、陽気さであり、明るさであり、積極性です。あなたは生まれつき、そうした力を持っている人なのです。

・「成功」のシェア

この時期の「達成、ブレイク、大成功、新機軸」は、あなたひとりの手で成るものではないようです。

だれかが提供してくれたリソースの上に成り立っていたり、だれかのサポートやアイデアがその「種」になっていたりするのかもしれません。

あるいは、「この人のためにがんばろう」「この人にイイお土産を持ってきてあげよう」というふうに、だれかの存在自体があなたの「目標」になっていたのかもしれません。

自分の満足のためだけにがんばるより、「この人を喜ばせたい」と思って努力するほうが、結果が早く出る場合もあるものです。これは、人の顔色をうかがうとか、ごきげんをとるということとはまったく違います。人の顔色をうかがい、ごきげんをとるのはただ、自分自身の評価を高めたいという「私欲」です。その点、純粋にだれかを楽しませたい、喜ばせたいという気持ちは、利他の心と言えます。

この時期のあなたは、冒頭から述べたように、とても利他的です。「この人のために！」というその「与える」姿勢が、２０２４年前半の「大ブレイク」と直結しているのです。

・初夏以降「仲間の時間」へ

５月末から２０２５年６月上旬にかけて、「友と希望の季節」に入ります。仲間が増え、ネットワークが広がり、「こんなことも、あんなこともやってみたい！」というふうに、夢が広がる時期です。

2024年前半までに「ひとつの山の頂上を制する」ような体験をしたあと、年の後半は「次にどの山を登るか、だれと登るか」を思い描く、というイメージです。

年の前半は「山の頂上を制する」ため、強いプレッシャーやストレスに苛《さいな》まれていた人もいるでしょう。

緊張し、慣れない環境におののき、突然の「ブレイク」にミスをして落ち込んだこともあるかもしれません。

あるいは「大きな選択をしたけれど、本当にこれでよかったのだろうか?」という大きな疑問が、常に胸を去来しているような状態になった人もいるはずです。

年のなかば以降は、そうしたプレッシャーやストレス、緊張、不安が一気にやわらぎます。一山越えた達成感を味わえますし、リラックスして未来をとらえ直せます。

これまでいっしょにやっていた仲間のもとを離れ、別の人々とチームを組むために動く人もいるでしょう。居心地のよい場所を離れ、自分を刺激し、もっといろいろな力を引き出してみたい、という意欲がわいてくるのです。

人は「だれといるか」「だれと行動するか」で、驚くほど変わることがあります。この時期、新たな人脈のなかに自分を置き、どう変わるかを試してみたくなるはずです。

特にこの時期は「他者と出会い、人間的な変化を遂げる」ことの振り幅が大きくなっています。

だれかに強く感化されるかもしれません。ときには出会った相手に強烈に惹かれ、一時的に「同化」してしまうようなこともあるかもしれません。だれかの「コピー」をする体験を通して、自分のなかに新しい自分が生まれるかもしれません。

・「お金やモノの流れ」の変化

この時期、経済的な役割分担が大きく変わります。

周囲の人々との関わりにおける「お金やモノの流れ」が、変化するときなのです。

たとえば、高齢の両親の代わりに実家のお金やモノの管理を始める、といったことがあるかもしれません。

仕事の上で重要な顧客を引き継ぐことになり、大奮闘する、という人もいるでしょう。

あるいは、パートナーの収入が一時的に途絶え、自分ひとりの稼ぎで家族を支えることになる、といった展開も考えられます。

経済活動や物質面において、「他者に対して背負うもの」が、一瞬大きくなるのです。

前章の「与えるものが増える」というのは、このことです。

今まで人に頼れていた部分、向こうから潤沢に流れてきていたものが、ピタリと止まったら、だれしも不安になります。

でも、この時期の「停止」はあくまで、一時的なものです。同時に、あなた自身の力を育てる追い風でもあります。

ここでの経済活動のテーマは、あくまで「関わり」です。

ゆえに、問題をひとりで抱え込まないことがだいじです。また、だれかひとりに責任を帰するようなことも、ナンセンスです。

みんなで状況をありのままにシェアし、頼れるものにはすべて頼りながら、社会的な活動の道を模索できます。

この時期に助けてくれる人、これまでどおりに仕事をくれる人、つながりが途絶えない人は、「本当の仲間」です。こうした人々は、むしろふだんよりも積極的にあなたに関わろうとしてくれるかもしれません。

「そうか、この人たちをだいじにしていけばいいのか」とわかる場面が、何度か訪れそうです。

・年末から2025年前半「自分との闘い」

年末から2025年前半にかけて、あなたはなんらかの「熱い闘い」に挑むことになります。

この「闘い」は、第三者の目からはほとんど見えません。

また、闘う相手も、過去の自分や、過去にやり残したミッションや、今の自分自身など、第三者からはわかりにくい対象だろうと思います。

この時期の「闘い」には、「救い」というテーマが含まれています。

身近な人を救うために闘う人もいれば、自分自身を救うために闘う人もいるでしょう。

ここでの「救い」は、深い心の救いであり、納得や承認、受容、解放、愛情の素直な流れなどを意味します。

だれかと深く愛し合えるようになって救われる人もいれば、混乱した愛の重荷を一時的にでも手放すことで救われる人もいるでしょう。たとえば親に愛されたいのに、親のほうにまだ愛する力がない、といった場合、一時的にその愛の混乱から離れる、といった手段が視野に入ります。

いずれ、より大きな変化が起こるときを待って、現時点で可能な方法を探れるのも、この時期の特徴です。というのも、2025年なかばから2026年前半に、「より大きな救い」の時間が待っているからです。この時期の「闘い」は、それまでの準備的な措置と言えるかもしれません。

人間の深い、内面的な変化は、決意や意志だけではどうにもならないところがあります。

「こうしよう!」と思って、やってみたけれど挫折し、それでもまたやり直し、時間をかけて根気よく何度も自分と向き合っていく、その姿勢がとても重要です。

簡単には変わらなくとも、「変えよう」という意志をもって挑み続けるうちに、ふとしたきっかけを得ていつのまにか「変わっている」のです。

何もしなければ勝てないけれど、何かをしたからといってすぐに勝てるわけでもない。

こうした「闘い」は、続けていくこと自体が非常にむずかしいものですが、この時期のあなたはその困難なプロセスに敢然と挑み、見事勝利を収めることができます。

勝利は、2025年の4月から6月に手にすることができるでしょう。

さらに、より大きな勝利が2025年後半から2026年前半に訪れる可能性があります。

その意味で、２０２４年の秋冬は、あくまで「前哨戦」です。

結果を出そうと焦らず、まずは問題を認識し、解決への取り組みを続けてゆく意志を持つことが大切です。

2025年

・「移行期間」の年

2024年前半の「到達点」から、2026年後半の「スタートライン」まで移動していく時間が、この2025年です。

2025年という時間には、「これまで」と「これから」がマーブル状に入り交じっており、「行きつ戻りつ」の感も強いかもしれません。先に進んだと思ったらまた少し戻る、という混乱があるのです。

また、この「混乱」は少なからず、人間関係からもたらされます。古い仲間と新しい仲間の両方から声がかかったり、薄まったと思った関係が濃くなる一方で、新しい出会いがどんどん生まれたりするのです。

「どちらに進むべきか」で迷う場面もあるかもしれません。

でも、この時期はおそらく、両者から「揉まれる」ことに意義があるのだろうと思います。

2026年に入ると、自然に「続いていく関わり」と「離れていく関わり」が決まっていきます。レールに乗るものとそうでないものとに分かれます。

・大スケールの「仲間と希望」

6月10日まで「仲間と希望」の時間が続いています。

引き続き、人間関係の輪が広がり、夢もふくらんでゆくでしょう。

さらに7月7日の七夕以降、その「人間関係の輪」と「希望」は、もうひと回り大きなスケールに向かってふくらみ始めます。

たとえば、これまでの「人間関係の輪」が市区町村内だったとしたら、ここからの「輪」は県境や国境も越えて広がってゆくのです。

もちろん、それほど「輪」が大きくなると、一つひとつのつながりの密度は薄まったように感じられるかもしれません。血肉の温度が伝わらなかったり、微妙なニュアンスを共有できなかったりして、もどかしさを味わう場面もあるかもしれません。

ですが、そうした距離感や自由度も、この時期は新鮮でおもしろいものと感じられるでしょう。また、ここでの距離、自由さは、孤独感には結びつきません。

夢のスケールも、拡大します。

これまでの夢が「海外旅行」だったとしたら、ここからの夢は「宇宙旅行」となります。あるいは「タイムトラベル」になるかもしれません（！）。

こうした「スケールアップ」のプロセスは、ここから2033年ごろまで続いていきます。2025年はその「入り口」です。

特に夏から秋にかけて、古い人間関係が「解散」のような状態になるかもしれません。たとえば友だちとの関係が、おたがいの移転などで物理的に遠ざかったり、相手の結婚、出産などであまり会えなくなったりしたことをきっかけに、疎遠になってしまう、といったことも起こるかもしれません。

これは、心情的な別離ではなく、一時的な状況的分離です。こうした変化は人生のなかでよく起こります。離ればなれになって、そのまま関わらなくなってしまうこともあれば、人生の山坂を越えたところで、またあたたかな再会を見るケースも、よくあるものです。

この時期の「解散」には、心情的なしこりはあまりなさそうです。むしろ、おたがいがより自由な生き方を模索しているがゆえに、物理的・一時的な距離ができる、ということなのだと思います。友情や信頼関係は冷凍保存され、いつでも解凍可能なはずです。

こうした、一見「別れ」のように見える現象も、実は「大スケールの交友関係」への道筋と言えます。

子どものころは同じ時空を共有することで「友だち」でいられます。ですが大人になれば、ぴったり密着した均質な経験を共有し続ける、ということはしにくくなります。むしろ、密着度や均質性が失われてもつながっていられることに意味があるのが、「大人になってからの友だち」だろうと思うのです。

であれば、この時期は「交友関係」がより成熟したものに変わっていく時期と言えます。自立した、自由な人間同士のつながりがどのように保たれるか、そこにチャレンジできる時間に入るのです。

遠く離れてもちゃんとわかり合えるし、頻繁に会わなくてもつながっている、という真の友情を、この時期以降、実現していけるはずです。

・救うこと、救われること

２０２５年のメタテーマに「救い」があります。

２０２４年の秋からすでに、その世界に足を踏み入れているのですが、２０２５年に入ると右肩上がりに、このテーマが本格化していきます。

大切な人を救うために奔走する人もいるでしょう。

または、自分自身が「救われる」体験をする人もいるはずです。

自分がだれかを救う場合にも、相手が「救われてくれる」ことがなければ、努力が報われません。傷ついた子犬を助けたくても、大暴れして噛みつかれてしまったら、なかなかうまくいきません。

その点、この時期はちゃんと相手が「救われて」くれます。

あなたが差し伸べた手に、応じてくれるのです。

そういう意味で、2025年は「救うことによって救われる」年とも言えます。


過去にやり残して、やりきれていないことに再度取り組み、過去の呪縛から解き放たれる人もいるでしょう。

ずっと逃げてきたことと向き合って、自分を取り戻す人もいるでしょう。

目を背けてきたことに目を向け、何か、あるいはだれかと向き合い、「自分にできる最後のところまで面倒を見る」ことで、自分自身が救われる人もいるでしょう。

「自分のせい」と「他人のせい」があべこべになっていたのを、ひっくり返して受け止める、というつらい体験をする人もいるかもしれません。

こうした大きな、心理的変容の体験は、一朝一夕に完了するものではありません。まず２０２４年秋からヒリヒリするようなきっかけを得て、自分自身との闘いを経てスタートラインに立ち、その後粘り強く取り組み続けるなかで、天啓のように「救い」がもたらされ、いつのまにかその問題が意外なかたちで解決していきます。

最終的な「救い」が叶うのは２０２６年前半となるかもしれません。

２０２５年の、深い心の取り組みが、そこで報われるのです。

・年明けから春の、現実的「恵み」

２０２４年には主に「与える」ことがテーマでしたし、２０２５年にもその傾向は引き継がれているのですが、年明けから4月までは、「受け取れる恵み」が一時的に増えます。

主に経済面・物質面で、あなたの日ごろの苦労をねぎらうような、うれしい変化が起こるでしょう。

また、あなたの実力や才能を高く評価してくれる人が現れたり、「認められ、引き立てを受ける」ようなシーンも何度かあるはずです。

人から好意を寄せられたり、素敵なチャンスをセッティングしてもらえたりと、「好遇」されたときは、できるだけそれらの機会を大切に受け止めたいところです。

前述の「救い」はある種、精神的な危機に対する大きな慈愛のような「救い」ですが、この年明けから春の「恵み」はもっと現実的で、物理的で、目にも見え、手で触れられるかたちを備えています。

ここであなたが手にする「恵み」は、よりスケールの大きな「与える」行為の原資となるのかもしれません。

受け取った富を、それを必要とする人たちに分配するような役割を、ここで担う人もいるだろうと思います。

2026年

・「背負うべきでないもの」からの解放

6月まで、「救い」の時間が続いています。

だれかを救うために懸命に動く人もいれば、自分自身を救うために人の手を借りながら、もがき続ける人もいるでしょう。

長いあいだの悩み、後悔、痛みなどが、年明けから初夏にかけて、だんだんとほぐれ、あたためられ、癒やされていきます。

だれもがいろいろなものを背負って生きていますが、そのなかには理不尽に背負わされたもの、本来自分が背負うべきではないものなどもあります。

たとえば昨今「ヤングケアラー」という言葉が定着しつつありますが、本当なら世話をしてもらうべき立場の子どもが、逆に人を世話する仕事を背負わされている、といった状況は、大人になってからもしばしば生じます。

守られるべき人が矢面に立たされたり、苦労を分かち合うべき人が逃げ去っていたり。責任の押しつけ合いやおかしな尻拭いなどが、世の中では本当によく起こります。よく考えてみれば奇妙な任務を、なぜか自分が当たり前のように引き受けていることがあるのです。

2025年後半から2026年前半は、そうした理不尽な「重荷」が、なんらかのかたちで消えていきます。

ずっとひとりで背負い続けていた悲しみや重荷を、本来それを背負うべき人が引き取ってくれるのかもしれません。

無理に家庭内や個人の世界で片づけようとしていたことを、社会的なサポートを受けたり、外部のリソースを使ったりして、分散し、軽くできるのかもしれません。

あるいは、奇妙な任務それ自体が、消えてなくなるのかもしれません。


また、ふしぎな「重荷」を背負ってしまうケースは、ほかにもあります。

たとえば、実体のない罪悪感に苦しんでいる人がいます。

極端な例では、別々の土地で偶然、二度の激甚災害に遭遇したことで、「自分が災害を運んできたのだ」と自分を責め続けている人がいました。もちろん「災害を運ぶ」などということはできません。でも、この人にはそのことが非常にリアルに感じられるのです。

それほど荒唐無稽でなくとも、病気や事故、なんらかの偶然など、論理的にはまったく責任のないことを、なぜか自分のせいだと思い込んで、そのことにずっと苦しみ続けている人は、意外にも少なくありません。

また、「一切の責任がない人を、悪気なく責める」人もいます。そうした言葉が心にぐっさり刺さり、抜けなくなってしまうことがあるのです。


変えられない過去をさまざまに、「もしこうしていたら・ああしていたら」とシミュレーションし続ける人もいます。

あるいは逆に、まだ来ぬ未来を「もしこうなったら・ああなったら」と心配し続け、身動きがとれなくなっている人もいます。

こうした現象は「今現在」を引き受けたくないがゆえに起こることが大半です。「背負わなくてもいいもの」「考えても意味のないこと」を、大まじめに考え続けることで、もっと大きな不安に、ぎゅっと目をつぶってしまうのです。

それでラクになれるならいいのですが、結果的に、本質的な不安は消えません。

苦しんだ状態のまま、ふしぎに辛抱強く耐え続けている人は少なくありません。

２０２５年後半から２０２６年前半は、そうした「重荷」から解放される時間です。

引き受けなくてもいいものを手放し、考える意味のないことを空に飛ばすことができます。

ある種の「考え」は、小鳥のようです。

鳥かごに閉じ込めた「考え」を、かごの扉を開いて外に出し、自由にしてやることができるのです。

ただ、それは意識的に、意図的にはできません。

まずはみずからその小鳥の存在に気づき、小鳥の本当の声を聴こうとするところから始まります。

試行錯誤を繰り返し、なかには万策尽き果てたと思ったところで、ふと見ると小鳥が外に出ている、といった現象が起こります。

あるいはだれかのやさしい手が伸びてきて、あなたの代わりにかごの扉をすうっと開いてくれる、といった「ミラクル」が起こるかもしれません。

・約12年に一度巡る、人生の一大ターニングポイント

6月30日から2027年7月26日まで、「約12年に一度の、人生の一大ターニングポイント」が巡ってきます。

成長と拡大の星、大吉星・木星のサイクルのスタートラインです。

この時期はいろいろなことが刷新されます。人生でそうしょっちゅう起こらないようなイベント、たとえば結婚や出産、転居や転職、独立、大きな買い物など、人生の章が変わって新しい段階に進んでゆくような出来事が、いくつか重なって起こるのです。いわば「種まきの時期」でもあり、ここでまいた種が大収穫をもたらすまで、10年、12年の時間をかけて育てていくことになります。

この時期は第三者にもわかりやすい、はっきりした変化が起こる傾向があります。思いきった選択をする人、大胆な行動に出る人もいます。

また、過去10年以上にわたって取り組んできたことをクローズしたり、積み重ねたものをリリースしたりする人もいます。

この時期は「種まき」の時期であるがゆえに、いったん「更地」になったような状態になることもあります。何もなくなったように感じられるのです。

でも、そこにはたしかに、新しい種がまかれています。

そして、まかれた種は比較的短時間で、芽を吹きます。

2027年なかばからの1年で、最初の果実を手にできるはずです。

特にこの時期は「出発」の気配が強く感じられます。

長旅に出る人、海外への長期出張や移住、留学など、物理的に今いる場所を遠く離れることになる人も少なくないでしょう。

ここからの「旅」は、かなり長く続く道のりです。

また「入学」「進学」のような道を選ぶ人も多そうです。

なんらかの専門分野に足を踏み入れたり、すでにあるスキルをレベルアップさせるために「弟子入り」したりと、長期的な学びのプロセスに入っていけるときです。

この時期からの「学び」には、深みと奥行きがあります。

簡単に学べること、すぐに身につくことなどは、この時期の「学び」とはあまり関係がなさそうです。

時間をかけないとわからないことに取り組み、その道の第一人者と言われるようになるまで、自分を突き詰めていくこと。この時期の「学び」には、たとえばそんなイメージがあります。

より高度なものを求め、理想を追いかけるのが、ここからの旅と学びです。

・人脈の変容

4月末、前項でも触れた「大スケールの交友関係」の時間がはっきりとスタートします。ここから2033年ごろにかけて、あなたの人脈、交友関係は様変わりするでしょう。

たとえばこれまでは「なじみ」「思い出」「均質性」によって友だちと結びついていたなら、これ以降は「理想」「価値観」「考え方」などによって新たな友を獲得していくことになります。

「ご近所だから仲良くなった」といった出会いではなく、「目指すものが同じだから仲間になった」といった出会いが増えてゆくのです。

さわやかで、知的で、実りある関わりが広がり始めます。年齢差や立場の違いなど、たがいの違いが大きければ大きいほど、なぜか仲が良くなる、といったことも起こるかもしれません。

一方、これまで交友関係のしがらみで悩んでいた人は、この春以降、しがらみのすべてを断ち切ることができるかもしれません。

世の中には、自分を傷つけてくるような友、支配したがるような友、振り回してくる友、利用してくるだけの友などを、妙にだいじにしている人が少なくありません。

「相手にも欠点はあるが、友だちだから」「交友関係を切り捨てて、孤独になるのが怖いから」「関係を断ち切ったら、あとでほかの人に何を言われるかわからないから」等々、不愉快なつながりを断ち切れずに悩み続けている人もたくさんいます。

もし、あなたが長らくそうした状況に置かれていたなら、ここから2033年のなかで、そんな状況を完全に解消できるでしょう。

あなたの側から離れていくことになるのかもしれませんし、そうした関係が自然に薄れ、切れていくのかもしれません。

ゆがんだ依存関係や支配関係は、家族や恋愛のような場以外にも発生します。友だちや仲間との関わりのなかに、アンバランスな、抑圧的なつながりがひそんでいたなら、そうした状況から離脱できるのが、ここからの時間帯なのです。

・「身内」への、愛ある説明

8月から2027年の年明けにかけて、身近な人々とのコミュニケーションがとても活発になります。家族や愛する人と語り合う時間が増え、日常がとてもにぎやかになるでしょう。

2026年は獅子座の人々にとって、全体に「新しい出発、スタートライン」なのですが、その内容を「身内」に、しっかり説明する必要があるのかもしれません。あなた自身に大きな変化が起こっているのに、近くにいる人々がそのことに気づいていない、という現象は、よく起こります。

特に、弱音を吐かず弱みを見せない獅子座の人々は、自分が転機にいるということをまわりに理解されにくいのです。ゆえに、あとで「何も説明してくれなかった！」「ちゃんと話してくれれば、もっとサポートできたのに！」といった衝突が発生したりします。

夏以降、そうした「あとあとの衝突」を避けるための大切な対話の時間を、たくさん持てるでしょう。

この時期のコミュニケーションには、とにかく愛があふれています。楽しく会話できますし、歩みより、よりそい合って、心を触れ合わせることができます。テーブルをはさんで向かい合って、「折り入って」の対話の場面もあるでしょう。ですがそれ以上に、買い物や散歩で、肩を並べて歩きながらする話や、いっしょに掃除したり、ごはんを作ったりしながらする話が盛り上がります。

最初は気軽な雑談だったのに、いつのまにかおたがいの人生にまつわる深い深い話になっています。

小旅行やちょっとした外出の機会が、「対話の場」になるのかもしれません。おたがいに話したいことが胸のなかにあふれたら、時間を作り、共有できる空間を作ることが大切です。

3

テーマ別の占い

愛について

「天岩戸《あまのいわと》伝説」は、天照大神が天の岩屋に隠れてしまい、世界が真っ暗になってみんなが困ったところで、アメノウズメが肌もあらわに舞い踊り、みんなで大騒ぎをして天照大神が無事、お出ましになった、というお話です。

洞穴に隠れて出口を閉ざした天照大神は、外でやけに楽しそうな、陽気な声が聞こえるので、それが気になってしまったのです。何が起こっているのかちらっと見るだけ、と考え、岩の扉を本当に細く、ちょこっと開けただけなのですが、太陽神のまばゆいばかりの輝きは、ほんの少しのすき間から漏れただけでも、世界中を再び明るく照らし出しました。

私は以前、皆既日食を見たことがあるのですが、この天岩戸伝説はあの日食の感じにぴったり重なります。

月が太陽をほとんど隠していても、月の影からほんのチラリと太陽が現れただけで、擬似的な夜が劇的に明けて、明るい真昼に戻るのです。

有名な「ダイヤモンドリング」は、ダイヤモンドというよりは神様、あるいはドラゴンのつややかで大きな、神秘的な目のようで、向こうから「見られた！」という衝撃が体に走りました。

2024年から2026年のあなたの愛の世界は、天岩戸からチラリとのぞく天照大神のまなざしのようです。

その光は、かつて暗かったあなたの世界全体を照らし、「もう長い夜は終わった！」

ことがわかっているのですが、よく見ればまだ完全には「扉」が開かれていません。「岩屋」の「扉」が完全に取りのけられるのは、２０２６年のバレンタイン・デーです。

この3年で、愛の追い風が強く吹くのは、２０２４年1月から3月、7月なかばから8月頭、10月なかばから２０２５年1月頭、２０２５年8月末から9月中旬、11月から12月、２０２６年1月なかばから3月頭、6月なかばから7月上旬です。

また、２０２６年6月末から２０２７年7月は、人生の転機であると同時に、雄大な愛の上昇気流を感じられる時間と言えます。すばらしい愛の時間を生きられるはずです。

・パートナーがいる人

章の冒頭で「天岩戸伝説」などと、少々謎めいた話を書いてしまいましたが、具体的にはこういうことです。

2020年ごろからあなたとパートナーのあいだには、大きな岩がはさまったような状態になっていたのではないかと思うのです。その岩は2023年に移動し、2024年の段階で、おたがいのあいだに半分ほどはさまった状態になっています。

もうたがいに行き来できますし、愛の光はふたりを以前より強く、強すぎるほどに結びつけています。静止できないほど強い光がそこから放たれていて、あなたはすでに新しい愛の感情に「絡め取られた」ような気持ちになっているかもしれません。

ただ、「半分隠れている」ところがまだ、残っています。

これがなんなのかは、人による、としか言えません。

たとえば、パートナーが経済的な問題を抱えていて、そのことで心を半分くらいしか開くことができないのかもしれません。

あるいは疲労や体調不良、心の疲れなどさまざまな理由から、フィジカルなコミュニケーションがとりにくくなっているのかもしれません。

スキンシップが減っていたり、おたがいに要望をぶつけ合うことがむずかしくなったりしているのかもしれません。

こうした状態はしかし、長く続くわけではありません。２０２５年5月には、岩はほとんど取りのけられます。２０２５年9月から少し「残照」のような時期が訪れますが、前述のとおり２０２６年のバレンタインには、めでたく岩は完全に取り払われることになります。

２０２４年から、ふたりの結びつきはとてもとても強くなります。ただ、お金やモノ、体、ある種の労働やケア、奉仕など、「すべてを与え合う」ような物理的なやりとりには、まだ少し障害物が残っているということなのだと思います。

2025年なかばからそうしたことが徐々にやりやすくなり、2026年春以降は、しっかりと「やりとり」ができるようになります。


2024年以降、あなたとパートナーとの関係は、前述のとおり、かつてないほど濃密なものとなるでしょう。第三者にはまったくわからないような深い深い心の結びつきが、さまざまな事情を通して生まれるでしょう。特に、ここから数年以内に、パートナーが人生の一大転機にさしかかり、その転機をあなたが「ともに生きる」ところから、深い結びつきへの扉が開かれる気配があります。

この関わりを通して、あなたも相手も、生まれ変わるような体験をすることになるのかもしれません。その真相は決して、第三者に「わかりやすく説明」できるようなものではないはずです。

命と命をむきだしにぶつけ合い、交ぜ合わせるような関わりのプロセスが、ここから２０４３年ごろまで続いていきます。

・恋人、パートナーを探している人

２０２３年までと比べて、格段に出会いのチャンスが増えます。

疑心暗鬼や「心の壁」が消えて、間口が広がり、人との距離がとても近くなるのです。

突然だれかに強烈に惹きつけられたり、気がつけば大恋愛のど真ん中にいた！といった展開も考えられます。

これまでが「冬」のようだったとしたら、ここからは「夏」です。

ただ、特に２０２５年までの出会いは、条件面での問題が多いかもしれません。

あなたが望むような経済力を相手が持ち合わせていなかったり、何かしら相手に求めたいものが、決定的に欠けていたりするかもしれません。

そうした「不足」をどう考えるかが、この時期の愛の分岐点となるようです。出会った当初は問題があったとしても、2026年以降、その問題が解決する可能性もあります。

大切なのは、あなたが気になる「条件面での不一致」の本質がどこにあるのか、それを見誤らないことです。関係を結んでいく上で致命的な不一致もあれば、そうでない場合もあるものです。

人として愛し合って生きていく上で、絶対に欠かせないものはなんなのか。その本質をできるだけ深く掘り下げることで、出会いの可能性が見えてきます。

特に2024年なかばから2025年なかばは、交友関係のなかから愛が見つかる可能性が高い時期となっています。人との関わりを増やすこと、人脈を広げることが、ダイレクトに愛のドラマに結びつくときです。

２０２５年なかばから２０２６年なかばは、助け合うこと、弱さを見せ合うことから愛が芽生え、育ちます。愛によって救われるような経験を経て、パートナーを得る人もいるかもしれません。

この時期の出会いは、ある意味でクローズドな世界で生まれます。たとえば「友だちといっしょに行動する」のがクセになっている人は、「単独行動」を試みると、出会いを見つけやすいかもしれません。

さらに２０２６年なかばから２０２７年なかばは「人生の一大ターニングポイント」で、特別な出会い、電撃結婚などが起こっておかしくない時間帯です。人生を変えるためのアクションを起こせば、結果を出せるときなのです。

この時期は「キャラクターが変わる」人もたくさんいます。セルフイメージ、アイデンティティが様変わりしたところで、劇的な出会いが待っているかもしれません。人とのしての急激な成長期で、人を見る目も磨かれます。これまでに目を向けなかったようなタイプの人に「開眼」する人も少なくないはずです。

さらに2026年は、「ミラクル」が起こるタイミングです。奇跡を感じるような意外な出会い、ふしぎな出会いが生まれやすいのです。特に2月と8月は、ミラクルが起こりやすくなっています。視野を広く持ち、行動範囲も広げてみたいところです。

・片思い中の人

この時期は、片思い中の人にとって、少々危険な時間と言えるかもしれません。なぜなら、強烈な心情的結びつきが生じやすいので、この時期「片思い」が強化されてしまうと、そのまま20年ほどもその状況に縛りつけられてしまう可能性があるからです。

トリモチのようなものに絡め取られ、身動きができなくなって、10年以上も経ってから「あのときなぜ、抜け出せなかったのだろう！」と後悔する可能性があるということです。

特に、パートナーがほしい、人生をともに歩む相手がほしいと考えている人は、早い段階で進展の糸口を探ることが大切だと思います。思いきってアプローチすれば、案外容易に思いが伝わるかもしれません。

獅子座は「不動宮」です。ひとつの状況にとらえられると、もうその状態を変えない、というモードに入りがちなのです。この2024年から2043年は特に、あるひとつの関わりに自分を「固定」してしまうような状況になりやすい時間です。ゆえにもし、今の状況が望ましいと思えていないならば、そこに「固定」されないよう、離脱することが肝心だと思うのです。

一方、望ましい関係や状態にあるのなら、それが「固定」されることは喜ばしいことです。「固定」されてよいと思える状況を、早めに作り出すことがこの時期のポイントだと思います。

2026年は「スタートライン」の年であり、「関係性の変化・出会い」の年でもあります。

遅くとも2026年いっぱいを目処に、「片思い」の膠着《こうちゃく》状態を変えようという思いを持てば、愛のドラマが進展する可能性は非常に高いときです。

・愛の問題を抱えている人

2020年ごろから、あるいは2012年ごろから愛の世界で慢性的な問題を抱えている人は、2026年までにその問題が解決するでしょう。特に、愛の問題に経済的な条件が絡みついているならば、その問題はこの3年のなかで解決しやすいはずです。

相手に経済的な負担や責任を求めても、2026年の春までは、なかなか望んだものが得られないかもしれません。むしろ、あなたの側が経済力を強化することで問題が片づく可能性もあります。

一方、2023年ごろから愛の問題がじわじわと浮上している人は、自分が愛について何を求め、何を欲しているのか、よく検討する必要があるかもしれません。孤独への恐怖からのしがみつきや、自信のなさからくる過剰な依存など、この時期の「愛」はほかの欲求と簡単にすり替わりやすくなっています。

また、「愛の関係にあるならば、こうするのが当然だ」という考えにとらわれて、強烈な人間関係の渦に巻き込まれていく、といった展開も起こりやすいときです。たとえば、パートナーから「親と同居してほしい」と頼まれたとき、「なんとなく空気に逆らえず、なし崩しに同居が始まった」という流れになって、あとで深く後悔するといったイメージです。

愛の世界では、だれもが生き方を変え、価値観を変えます。それ自体は決して、悪いことではありません。むしろ、新しい世界の存在を知り、新しい自分の可能性を知ることができるのが、愛の醍醐味です。

ただ、愛の世界では「望まない巻き込まれ」も本当によく起こるのです。心から望まないこと、絶対にイヤなことなのに、なぜかそこに巻き込まれてしまう。そうした危険がつきまといます。

また、目に見えない妙な「取引」を自分のなかで設定してしまうこともあります。どうしてもイヤなことをあえて引き受けて、相手に大きな恩を背負わせ、目に見えない力で支配したい、といったゆがんだ愛の衝動が発動するケースは、決して珍しくありません。

そうした愛のトリックの危険を心にとめながら、あくまで腹を割って自分自身と対話し、さらに愛する人と話す習慣を身につけたいときです。

仕事、勉強、お金について

・成功と、仲間と

2024年前半はとにかく「仕事」が燦然《さんぜん》と、光り輝いています。

2018年ごろからのあなたの試行錯誤と挑戦が、ここで華やかにブレイクするのです。

今までどんなに説明しても、自分の仕事をなかなか認めてもらえなかったのに、この時期いきなりみんなが大絶賛し始めるかもしれません。これまで否定的な態度しか示さなかった人たちが、手のひらを返したようにちやほやし始める！　といった展開も、起こっておかしくないのです。

2024年前半は基本的に「大成功」のタイミングですが、おそらく「予定調和」「予想どおり」のものとはなりません。突発的に意外なところからぱっと光が射し込み、扉が開かれます。

わかりやすい、伝統的な道ばかり探してしまうと、この「意外な扉」を見過ごす危険もあります。多くの人が受け入れている形式や既存のシステム、自分の過去の成功体験などは、この時期、ジャマになるかもしれません。

「こうすればかならずうまくいく」「失敗を避けるにはこうすべき」といった安全策を、一度心のなかから取り払い、まっさらな目でキャリアを見直したとき、自然に「こっちに行けばいいのだ！」と頓悟《とんご》する人もいるでしょう。

自由さ、新規性、掟破りや型破りは、この時期の「成功」にぴったりの条件です。

2024年なかば以降、あなたはより自由な活動の場を求めて、状況を変えようとするようです。また、「だれといっしょに活動するか」を模索し始める人も多いでしょう。

今までどおりの組織、今までどおりのメンバーでは、もはやあなたのやりたいことができなくなっているのかもしれません。

あるいは、みずから選択するまでもなく、組織の人員が一新されたり、転勤が決まったりする人もいるでしょう。

ともに活動する人々が変わるとき、自分のなかから新しい自分が自然に生まれ出て、新たな活動のスタイルが形成されます。

2025年なかばから2026年なかばは、「助け合い」が重要です。なかにはプライベートを優先する必要が出てくるなど、キャリアの観点からは「雌伏《しふく》のとき」

をすごす人もいるでしょう。
ですがこの1年で経験したことは決して、無駄にはなりません。それどころか、ここで心の深い場所からの決定的な「救い」を得て、新たな才能や実力を発揮し始める人もいるはずです。

2026年なかばから2027年なかばは、前述のとおり「人生の一大ターニングポイント」で、重要なスタートラインです。なんでもアリの大転換期で、キャリアにおいても新しいことを始める人が少なくないはずです。

2024年前半までの「達成」から、2026年後半の「スタートライン」に至る、少々複雑な道のりが、この3年のキャリアとなります。この複雑さこそが、2026年以降のあなたの、独自性と経験値の源泉です。

・学びについて

２０２５年３月末から、あなたは特別な学びの時間に入ります。ここから２０３９年ごろまで、頭脳だけでなく精神や魂までもが、深い学びを得て特別な成長を遂げるプロセスが続くのです。

特に２０２５年５月ごろから２０２８年の春までは、大部の専門書を毎日コツコツ読み進めるような、特別な勉強に取り組むことになるかもしれません。厳しい師の薫陶を得る人もいれば、遠く留学して自分を鍛え上げる人もいるでしょう。学校に入る人、弟子入りする人、独学をきわめる人もいるだろうと思います。

やり方はさまざまですが、取り組んでいる内容は、非常に高度で、ある意味専門的で、「これこそが自分の道だ！」と思えるテーマとなるはずです。

この時期のあなたの学びは、玄奘三蔵《げんじょうさんぞう》の旅に似ています。彼は仏教の経典を求めて、中国からインドへと苦難の旅に挑み、見事難事を成し遂げました。この時期のあなたもまた、遠く高いものを求めて長い距離を越え、輝く宝物のような知を自分のものにするはずなのです。

この時期の学びには、ただ知的好奇心を満たすとか、スキルアップを目指すとかいうことにとどまらない、深い何かが含まれています。

たとえば社会的責任を感じながら学ぶ人もいるでしょうし、誇りやプライドのために学ぶ人もいるでしょう。

また、理想やあこがれの光のもとに学び続ける人もいるはずです。

なかにはだれかのために、何かのために、自分を犠牲にするようにして学ぶ人もいるかもしれません。

この時期の学びには、深い心の動きが作用しています。

・お金について

経済活動のスケールが、この3年間を境に、数倍に拡大しそうです。この3年の前とあとでは、あつかうお金のケタがひとつふたつ変わる人もいるかもしれません。ただ、その「スケールアップのプロセス」においては、「経済的に成長している」という手応えを感じられない場面も多そうです。

特に2024年から2025年なかばは、どちらかと言えば自分から人に与えるとか、人を経済的に支えるかたちになりやすいはずです。

また、この期間は過去に比べて「使えるリソースが少ない」「オファーが来なくなった」「今まで提供されていたものを受け取れなくなった」など、外部からの「恵み」が制限される傾向があります。

とはいえ、この「制限」は前述のとおり、期間限定です。2025年5月末には冬の終わりの兆《きざ》しが見え始め、2026年2月には「制限」が撤廃されます。もたらされなくなった恵みが復活し、もとどおり、ではなくそれ以上のものを受け取れるフェーズがやってきます。

これまで人を支えたぶん、その「恩返し」のように大きなものを受け取ることになる人もいるでしょう。

また、少々フライングですが、2027年後半から2028年前半は、大きな財を手にできる時間となっています。2024年から2025年に「鍛えられた」力で、ざくざくと収穫できるはずです。

家族、居場所について

この3年は、多くの星が獅子座から見て「外の世界」に位置しています。ゆえに「内側の世界」である家族や居場所に関することは、それほど大きくは動かないかもしれません。

あなたが外に出てガンガン勝負したり、社会的な立場をガラッと変えたりするにあたり、支えてもらい、守ってもらう場面は多いでしょう。

折に触れて自分が取り組んでいること、今悩んでいることなどを、身近な人に説明しておくことが重要です。忙しさのあまり身近な人へのケアをおろそかにすると、いつのまにか心の距離が大きく離れてしまうようなことにもなりかねないからです。忙しいとき、自分のことで手一杯なときこそ、意識的に大切な人のための時間をとることが肝要です。

２０２５年なかばから２０２６年なかばは「救い」の時間と書いてきましたが、救いを必要としているのが、あなたの家族である可能性もあります。この時期、大切な人を救うとなったら、手加減せずに全力を投入すべきです。「公私のバランスをとろう」などと考えてしまうと、肝心なことを見失う恐れがあります。

「愛されている」という実感は、行動から生まれます。愛する者のために何ひとつ犠牲にしない人が、はたしてその愛を信用されるでしょうか。

ふだん、何事もないときならば、もちろん「バランスよく」「ほどほどに」「できる範囲で」でもいいはずです。ですがひとたび相手が救いを必要とし、愛を必要としたならば、「バランス」など考慮するひまはありません。すべての労力を投下してはじめて意味を持つ場面というのが、人生には時折、訪れます。

２０２５年後半から２０２６年前半は特に、そうした場面が訪れやすくなっています。愛の真実を生きる覚悟が必要なときです。

２０２６年なかばから２０２７年前半は、人生の一大ターニングポイントです。ここで新たな家族を得る人も少なくないでしょう。

あるいは、これまで「ひとりで生きていこう」と思い決めていたのに、このあたりで突然「だれかと生きてみたい」と、方向転換する人もいるだろうと思います。

２０２６年８月から２０２７年１月頭は、家族や身近な人にとりわけ、多くの労力を注ぎ、愛を注げる時間となっています。愛にあふれる生活を送りたい人は、この時期に心からの愛をどんどん注ぎ込むと、それを受け取った家族の手により一気に増幅して、あなたの生活全体に愛があふれることになるでしょう。

この3年で悩んだときは――「円環・らせん」について

人生では「上り調子」のときもあれば、「下り坂」もある、という考え方があります。いいときもあれば悪いときもある。がんばれば登ってゆけるが、努力を惜しめば落ちてゆく、などのイメージもよく語られます。

人生には「上」と「下」がある、という考え方は、私たちの日常生活に深く浸透しています。

占いなど信じないという人でも、「今はいいときだから」「今は流れがよくないな」などの言い方をしたりします。

その点、ホロスコープは「円環」です。

ぐるりと丸い輪があって、その輪の上を星が巡っていくのが、ホロスコープのトポロジーです。この円には、本来、上下はありません。なぜなら、この円のすべてが私たちから見れば「天」、すなわち「上」だからです。

ぐるぐる回る車輪に、上下はあるでしょうか。車のタイヤの「上」と「下」は、めまぐるしく入れ替わります。円環においては、下っているときもある意味、上っているようなものです。ひとつの方向に向かっていくことが、下りだろうが上りだろうが、またもとの位置に戻るしかないのです。

この3年のなかでもし、あなたが「下り坂に入った」ような気がして心配になったなら、ぜひそのルートが「円環」であることを思い出していただきたいのです。それは一本道の下降ではなく、上に上ることがすでに予定されているところの下りなのです。

特に２０２４年の前半の高みと、２０２６年後半のスタートラインには、大きなイメージの差があります。ですが、実際には２０２６年の後半のほうが、ある意味において「高い」場所だとも言えます。なぜなら、ホロスコープは時間の流れのなかで、ぐるぐる回る円環であると同時に、らせん状に進んでゆくからです。「もとの位置に戻る」のではなく、ひとつ進んだ先の輪の、似たような位置に巡ってくるということなのです。


格差社会、勝ち組・負け組などという言葉が人口に膾炙《かいしゃ》して久しい現代社会です。たしかに、裕福な人とそうでない人、生きやすい人と生きづらい人の差が広がり、多くの分断が起こり、私たちは日々、無意識に「上か下か」を気にしながら、身をかたく縮こめて暮らしているようなところがあります。

でも、人生も世の中も、どこか「円環」のようなところがあり、あるいは「らせん」のようなところが含まれているのではないでしょうか。

上にいたはずが下に来て、また上に上る、といった浮き沈みを繰り返しながら生きているのが、「ふつうの人間」なのではないかという気もするのです。

この3年のなかで、上か下か、上っているのか下りなのかが不安になっても、そのことにあまり大きな意味はないだろうと思います。特に、周囲と比べたり、過去の自分と比べたりすることには、まったく意味がありません。

前例があるかとか、勝算があるかなどのことも、ほとんど当てになりません。また、人からほめられるかどうか、人から求められるかどうかということも、この3年間のなかでは、あまり大きな問題ではありません。そのことはこの時期、いちばん信用できない指標です。

この時期だいじなのは、自分自身が今の自分の試み、挑戦、方向性を、心から誇れるか、という点だけです。

また、心から信頼できる友や仲間がいてくれる、ということも、だいじなポイントです。たくさんいる必要はありません。たったひとりでいいのです。

２０２６年後半、あなたは円環の「起点」に立ちます。

そこではたぶん、身軽であればあるほど有利です。これは、身軽になるために何かを断ち切るべきとか、そういうことではありません。

むしろ、この3年間で大切に思えたものは、全部背負っていくべきです。大切ではないものは、冬の枯葉のように、自然にあなたの枝から落ちてゆきます。そして、落ちた枯葉さえも、土に還ってまた、あなたの養分となります。

この3年のなかで、無駄になるものは何ひとつありません。

下っているようでも、ちゃんと上っているのです。

4

3年間の星の動き

2024年から2026年の星の動き

星占いにおける「星」は、「時計の針」です。

12星座という「時計の文字盤」を、「時計の針」である太陽系の星々、すなわち太陽、月、地球を除く7個の惑星と冥王星（準惑星です）が進んでいくのです。

ふつうの時計に長針や短針、秒針があるように、星の時計の「針」である星たちも、いろいろな速さで進みます。

星の時計でいちばん速く動く針は、月です。月は1カ月弱で、星の時計の文字盤である12星座をひと巡りします。ですから､毎日の占いを読むには大変便利ですが、本書であつかう「3年」といった長い時間を読むには不便です。

年単位の占いをするときまず、注目する星は、木星です。木星はひとつの星座に1年ほど滞在し、12星座を約12年でまわってくれるので、年間占いをするのには大変便利です。

さらに、ひとつの星座に約2年半滞在する土星も、役に立ちます。土星はおよそ29年ほどで12星座を巡ります。

もっと長い「時代」を読むときには、天王星・海王星・冥王星を持ち出します。

本書の冒頭からお話ししてきた内容は、まさにこれらの星を読んだものですが、本章では、木星・土星・天王星・海王星・冥王星の動きから「どのように星を読んだのか」を解説してみたいと思います。

木星：1年ほど続く「拡大と成長」のテーマ
土星：2年半ほど続く「努力と研鑽」のテーマ
天王星：6～7年ほどにわたる「自由への改革」のプロセス
海王星：10年以上にわたる「理想と夢、名誉」のあり方
冥王星：さらにロングスパンでの「力、破壊と再生」の体験

２０２４年から２０２６年の「3年」は、実はとても特別な時間となっています。というのも、長期にわたってひとつの星座に滞在する天王星・海王星・冥王星の3星が、そろって次の星座へと進むタイミングだからです。

天王星は２０１８年ごろ、海王星は２０１２年ごろ、冥王星は２００８年ごろ、それぞれ前回の移動を果たしました。この「3年」での移動は、「それ以来」の動きということになります。

たとえば、前々回天王星が牡羊座入りした２０１１年は東日本大震災が、冥王星が山羊座入りした２００８年はリーマン・ショックが起こるなど、長期的な時間を刻む星々が「動く」ときは、世界中が注目するようなビビッドな出来事が起こりやすいというイメージもあります。

もちろん、これは「星の影響で地上にそうした大きな出来事が引き起こされる」ということではなく、ただ私たち人間の「心」が、地上の動きと星の動きのあいだに、そのような象徴的照応を「読み取ってしまう」ということなのだと思います。

とはいえ、私がこの稿を執筆している２０２２年の終わりは、世界中が戦争の緊張に心を奪われ、多くの国がナショナリズム的方向性を選択しつつある流れのなかにあります。また、洪水や干ばつ、広範囲の山火事を引き起こす異常気象に、世界の多くのエリアが震撼する状況が、静かにエスカレートしている、という気配も感じられます。

この先、世界が変わるような転機が訪れるとして、それはどんなものになるのか。

具体的に「予言」するようなことは、私にはとてもできませんが、長期的な「時代」を司《つかさど》る星々が象徴する世界観と、その動きのイメージを、簡単にではありますが以下に、ご紹介したいと思います。

ちなみに、「3年」を考える上でもっとも便利な単位のサイクルを刻む木星と土星については、巻末に図を掲載しました。過去と未来を約12年単位、あるいは約30年スパンで見渡したいようなとき、この図がご参考になるはずです。

・海王星と土星のランデヴー

2023年から土星が魚座に入り、海王星と同座しています。2星はこのままよりそうようにして、2025年に牡羊座に足を踏み入れ、一度魚座にそろって戻ったあと、2026年2月には牡羊座への移動を完了します。

魚座は海王星の「自宅」であり、とても強い状態となっています。海王星は

２０１２年ごろからここに滞在していたため、２０２５年は「魚座海王星時代、終幕の年」と位置づけられるのです。

獅子座から見て、魚座は「他者の財、パートナーの経済状態、性、遺伝、継承、贈与、経済的な人間関係」などを象徴する場所です。

この場所に土星と海王星が同座する期間は、他者から受け取るものよりも、与えるもののほうが多くなるかもしれません。

ですが人間社会のあらゆる「授受」には「作用・反作用」のように、常に逆方向の目に見えないベクトルが生じます。恩恵を受けたら、恩義が生じるのです。

あなたがこの時期、何かしら犠牲をはらってほかの人のためにしてあげたことは、目に見えない貸金のように、人の心に積み重なります。

そしていつか未来に、利息付きで返ってくるのです。

あなたにそれを「返してくれる」相手は、あなたが助けてあげた相手とは別の人なのかもしれません。巡り巡っていつの日か、あなた自身が恩恵を受ける側に回ります。

　または、この時期はあなたにとって「負債を返す」「借りを返す」時期となるのかもしれません。

　これはお金のことだけではなく、たとえばかつて恩を受けた人に何かしらのお手伝いをしにゆくとか、なんらかの心のケアを引き受けるといったことができるのかもしれません。

「借りを返す」ことは、とても気持ちのいいものです。ずっと借りを返せないままの状態は、人生の一部が閉塞しているとか、ずっと見えない荷物を背負い続けているような感覚がつきまといます。借りを返してスッキリすると、人生が新しく始まるように思えます。2026年頭までのなかで、そうしたステップを踏む人もいるだろうと思います。

前章までのところでは、主に経済的な活動について触れましたが、お金では換算できないこと、義理や人情やその他もろもろの「関わり」のなかで、あなたからだれかに「授ける」ものがたくさんあるときです。そして、それは決して一方通行のことではありません。

たとえば「借りを返す」ことも、それと引き換えに「解放感、自由」を得られます。あるいは「新しい人間関係のスタート」というチャンスを得る人もいます。

この時期、何かを手渡すことは、あなたの人生によいものが積み重なってゆくプロセスでもあるのです。

２０２５年、土星と木星は、獅子座から見て「冒険、学問、高等教育、遠方への旅や移動、専門分野、親戚縁者、宗教、理想」をあつかう場所へと歩を進めます。完全に移動を終えるのは２０２６年頭ですが、２０２５年なかばにいわば「予告編」

のような時間が置かれているのです。

ここから2028年ごろまで、あなたは何かしら大きなテーマを掲げて、コツコツと勉強していくことになりそうです。あるいは厳しい師匠のもとに弟子入りしたり、遠い世界へと旅をしたりすることになるのかもしれません。

未知の世界を開拓し、自分のなかに新しい専門分野を育てることが、ここから2、3年のあなたのテーマとなります。

そして2028年以降も、その「テーマ」はあなたの精神的成長の場として、あなたの心を包み込んでゆくはずです。

・木星と天王星、発展と成長のルート

成長と拡大と幸福の星・木星は、この3年をかけて、牡牛座から獅子座までを移動します。

特徴的なのは、この時期天王星も、木星を追いかけるようにして牡牛座から双子座へと移動する点です。天王星が牡牛座入りしたのは2018年ごろ、2024年に入る段階では、木星とこの天王星が牡牛座で同座しています。2025年、木星は6月上旬まで双子座に滞在します。追って7月7日、天王星が双子座へと入宮するのです。

天王星と木星に共通している点は、両者が自由の星であり、「ここではない、どこか」へと移動していく星であるということです。何か新しいものや広い世界を求めて、楽天的にどんどん移動していこう、変えていこうとするのが2星に共通する傾向です。

2星には違いもあります。

木星は拡大と成長の星で、膨張の星でもあります。物事をふくらませ、袋のようにぽんぽんいろんなものをなかに入れていくことができる、ゆたかさの星です。一方の天王星は、「分離・分解」をあつかいます。「改革」の星でもある天王星は、古いものや余計なものを切り離していく力を象徴するのです。天王星が「離れる」星なら、木星は「容れる」星です。

２０２４年前半、木星と天王星は獅子座から見て「社会的立場、キャリア、仕事、目標、成功」をあつかう場所に同座しています。

２０１８年ごろから、獅子座の人々はより自由な、新しい活動のあり方を求めて模索を続けてきたはずです。その模索がこの木星の同座で、より現実的な、力強いものにかわったのではないかと思います。前章までにも触れたように、「大ブレイク」を果たしておかしくないようなタイミングなのです。

もとい、そこまで大げさな出来事ではなかったとしても、何かしら長期的に挑んできたテーマについて、ひとつの成功を収められるときです。さらに、そうした「達成」を経て、次のステージに進めるはずです。

2024年なかばから2025年なかば、木星は「友だち、仲間、希望、夢、未来、自由、フラットなネットワーク、個人としての社会参加」へと移動します。人に恵まれ、新しい夢や希望が生まれるときです。未来の見通しがここで、ガラッと変わるかもしれません。より大きな可能性に気づかされ、それまで所属していた世界から離脱して自由になる人もいるでしょう。

この時期の変化は、さらにここに天王星が移動してくる2026年以降の変化へと続いていきます。

たとえば、この2024年なかばから2025年なかばに人を集めて結成した小さなチームがコアとなって、2026年から2033年ごろにかけて、何倍ものスケールのネットワークへと成長していく、といった展開も考えられます。

天王星は自由、自立の星ですが、友情や人的ネットワークの星でもあります。「組織」のような固定的な集団ではなく、ダイナミックで外部に開かれた、流動性の高いネットワークがあなたを包み込んでゆくことになるでしょう。

2025年なかば、木星はあなたにとって「救い、犠牲、救済、秘密、過去、隠棲、未知の世界」の場所に移動します。

この時期、人との距離感がかなり特殊なものになるかもしれません。ある種の人からは遠ざかったり、逆にほかの人々とは深すぎるほどの関わりを持ったりすることになるかもしれません。

助け合うとき、人と人との距離は近くなります。与え合うとき、人と人との心には新しい感情や力関係が生じます。

また、そうしたことが必要になったとき、ふだんオープンに関わっている「第三者」たちとの交流は、一時的に遮断されることもあります。

クローズドにする部分、ふだんよりオープンにする場面。

相手を選び、場を選んで、人との関わりが濃く、密になってゆくときです。そうした関わりを通して、心に新しい息吹が吹きこまれるのです。

さらに2026年なかばから2027年なかば、木星はあなたの星座に巡ってきます。

自分の星座は自分にとって、「アイデンティティ、自分自身、スタートライン、身体、第一印象、健康」などを象徴する場所です。

ここに大吉星・木星が巡ってくる時間は、「幸運期」と語られるのが一般的です。でも、私はあえてこの時期を「耕耘《こううん》期」と呼び習わしています。というのも、大吉星・木星が運んできてくれるのは、たった1年だけの幸福などではないからです。木星が滞在する時期、その人の可能性の畑がざくざくたがやされ、その先12年をかけて育てていける幸福の種がまかれます。

ゆえに、この時期は一見「更地」になったように見えることも多いようです。これまで培ったものをリリースしたり、長く続けてきたことを「卒業」したりするタイミングとなりやすいのです。

でも、それは何かがゼロになったとか、失われたということではなく、あくまで「新しいサイクルのスタートラインに立った」だけなのです。

引っ越しや転職、独立、結婚や出産など、「おめでとう！」と祝われるような人生の一大イベントが起こりやすいタイミングです。

人生を変えるような出会いが巡ってくる可能性もあります。

特にこの時期は、土星・海王星が「遠方」を示す場所に位置しており、遠く移動する、引っ越しをする、といったイベントが生じやすいかもしれません。生まれ育った場所、慣れ親しんだ場所から離れ、異世界に身を置くことで、人生の新たなフェーズに入ってゆくことになるのかもしれません。

・冥王星の移動

2024年11月、冥王星が山羊座から水瓶座への移動を完了します。

この移動は2023年3月から始まっており、逆行、順行を繰り返して、やっと2024年に「水瓶座へ入りきる」ことになるのです。冥王星が山羊座入りしたのは2008年、前述のとおりリーマン・ショックが起こったタイミングでした。

冥王星は「隠された大きな財、地中の黄金、大きな支配力、欲望、破壊と再生、生命力」等を象徴する星とされます。この星が位置する場所の担うテーマは、私たちを否応ない力で惹きつけ、支配し、振り回し、絶大なるエネルギーを引き出させたあと、不可逆な人間的変容を遂げさせて、その後静かに収束します。

2008年から冥王星が位置していた山羊座は、獅子座から見て「就労条件、日常生活、習慣、訓練、義務、責任、役割、健康状態」などを象徴する場所です。

たとえば2008年ごろから、自分が「奴隷的な立場にある」と感じていた人もいるかもしれません。

ある種の逃れがたい役割にとらわれ、したいことができない、自由を奪われている、と思い続けた人もいるでしょう。

あるいは逆に、経営者が従業員を守るために奔走するとか、親が子どもを守るために必死に闘う、といった状況に置かれていた人もいるかもしれません。

これもある意味「逃れがたい役割に縛られる」状態と言えます。他者への責任による縛り、義務の縛りが、過去15年ほどのあなたを取り巻いていたのかもしれません。

また、健康上の問題を抱えていた人もいるでしょう。特に、強迫的な衝動に苛まれたり、過度な労働で体を痛めつけたりしていた人もいるかもしれません。慢性的な病、どうにもできない症状に悩まされていた人もいるだろうと思います。

こうしたさまざまな、生活上、健康上、役割上の「縛り」が抜けてゆくのが2023年から2024年です。

遅くとも2024年の終わりには、憑き物が落ちたように生活全体が「軽く」なっているはずです。

2024年、冥王星が移動していく先の水瓶座は、獅子座から見て「パートナーシップ、人間関係、交渉、対立、契約、結婚」などを象徴する場所です。

ここから2043年ごろにかけて、あなたとだれかの一対一の関係は、非常に強いものとなります。

離れがたい関わり、切っても切れない関わり、ときには「一心同体」のような状態にもなるかもしれません。

他者との強く深い、融合しきるような関係のなかで、あなたの魂は不死鳥のように「再生」します。

一度融け合ったあと、魂が新たな個性と力を得て、「自分自身」としての生き方を新生させるのです。

5

獅子座の世界

獅子座について

獅子座の「獅子」は、ふつうのライオンではありません。

近隣の人々から恐れられた、ばけもののような暴れ獅子です。

この獅子の皮は非常に硬く、矢も槍も役に立ちません。

英雄ヘラクレスはこの化け獅子退治を命じられ、素手で締め上げ、打ち倒しました。そして、刃物を通さないその皮をはぎ、身にまとって鎧《よろい》としたのです。

ですから「獅子座」は、獅子の星座であると同時に、「英雄」の星座とも言えると思います。星座絵では獅子が描かれますが、その物語は英雄と一体化しています。

英雄ヘラクレスは化け獅子退治など12の偉業を成し遂げ、美しい妻を得て幸福になるはずだったのですが、妻デイアネイラは彼の心変わりを疑い、魔法の肌着を夫に贈ります。この肌着を着れば、妻への愛は失われないというのです。

しかし実際には、これは着た者を焼き殺す、毒の染み込んだ呪いの肌着でした。デイアネイラはだまされていたのです。

ヘラクレスは妻から贈られた肌着を身につけると、目に見えない炎に焼かれて命を終えました。大神ゼウスは息子をあわれみ、天に上げて神としたのです。

ヘラクレスの物語にはこのように、「着るもの」が出てきます。彼は身を守るために獅子の皮をまとい、愛のために死の肌着をまとったのです。

獅子座は「華やかでハデ好きな星座」と書かれることもありますが、実際には「ハデ」という印象を与える人はそれほど多くないように思われます。

彼らが身にまとうものは、ただ華やかにしたい、目立ちたい、という以上に、多くの目的や意図を備えているようなのです。

ヘラクレスが身にまとった獅子の皮は、彼を敵の攻撃から守ると同時に、彼自身の力の強さ、功績の大きさを敵に知らしめるものでした。ヘラクレスの装いは、自分の「力」の表現だった、と言えると思います。決して、単に「着飾るため」ではなかったのです。

獅子座は「自己表現の星座」とされます。

獅子座の人々は衣服だけでなく、態度や表情、行動全体によって、何かを表現しようとしています。

ヘラクレスが自分の強さや功績だけでなく、その生き方全体までも、輝く獅子の皮によって表現し尽くしたように、獅子座の人々は「生きる」ということと「表す」ということを重ね合わせて生きているのです。

ですが、光があればかならず影ができるように、「表す」ものがあればきっと「隠れる」ものが生じます。

俳優の「優」という文字は、古代、人が演技や舞踏をするときに仮面をかぶった姿からきているのだそうです。「優」の「優」は「やさしさ」、「憂鬱」の「憂」は仮面そのものを象徴するそうです。

演技するとき、仮面の下には、悲しみが隠されます。人の弱さ、痛み、矛盾した思いが隠されます。

ヘラクレスが獅子の皮の下に、人間としての傷つきやすい、生身の肉体を隠していたように、強くあろうとする人、自分の生き方をもって何かを表現しようとする人は、人に見えないものを隠して生きているのだろうと思います。

強くあろうとすればするほど、強く生きようとすればするほど、その弱さは、他者の眼に触れないところにかくまわれるのです。

では、なぜ獅子座の人々は、強さ、明るさ、楽しさ、美しさなどを全力で表現しようとし、その表現自体を生きようとするのでしょうか。

なぜ、すべての弱さや悲しみを、できるだけ仮面の下に隠しておこうとするのでしょうか。

おそらくそれは、愛と関係があるのではないか、と私は考えています。

人生にはさまざまな喜びがあります。

たとえば、自分の力で何かを成し遂げる喜び、敵を倒して勝利する喜び、問題を解決して人に感謝される喜びなどがあります。

英雄として名を上げ、恐れられることも、ひとつの喜びでしょう。

多くの人がそうした喜びに焦がれます。

実にたくさんの人が、何事かを成し遂げたい、何者かになりたい、と考えます。

獅子座の「自己表現」も人生の早い段階では、そうしたところから出発するのかもしれません。

輝かしく強い者に対する純粋なあこがれ、自分もそうした者になりたいというあこがれが、獅子座の人々に「強さを打ち出す生き方」を促すのでしょう。

ですが、人生の道を進んでゆくにつれて、獅子座の人々のまとう「強さ」は、さまざまな意味を持ち始めます。

すなわち、自分自身の打ち出した「強さ」が、結果的にだれかを守ったり、だれかの人生を変えたりする、ということです。

他者との生身の関わりのなかで、自分の「強さ」が特別な意味を持つことに気づくのです。

この気づきは、強さからではなく、弱さの側から生まれます。強さのなかに隠されたみずからの弱さが、力を求める他者の弱さと呼び合うのです。

愛は、弱さのためのものです。

「ヘラクレスのまとった皮」という物語は、獅子座の「強さ」の両義性を象徴しているように、私は思われてなりません。

結局のところ、強さが必要なのは、世界中に弱さがあるからなのです。

獅子座の人々はいつも、強さと弱さの境界線に立って、その愛によって「弱さ」を守ろうとしているように、私には思われるのです。

おわりに

これでシリーズ4作目となりました「3年の星占い」、お手にとってくださって誠にありがとうございます。

これまで毎回、冒頭にショートショートを書いてきたのですが、今回はあえて小説の形式をやめ、「象徴の風景」を描いてみました。

というのも、2024年から2026年は長い時間を司る星々が相次いで動く、特別な時間だったからです。天王星、海王星、冥王星の象徴する世界観は、無意識や変革、再生といった、かなり抽象的なテーマを担っています。日常語ではとらえにくいことをたくさん書くことになるので、思いきって「シンボル」自体にダイレクトに立ち返ってみよう、と思った次第です。

もといい、これまでの冒頭のショートショートにも、たくさんの象徴的隠喩を仕込んできました。あの短い小説のなかに、「3年」のエッセンスをぎゅっと詰め込む工夫をするのは、毎回、私の大きな楽しみでした。ただ、あのような「匂わせ」のかたちでは、今度の「3年」の大きさ、力強さが表しにくいと思ったのです。

「花言葉」が生まれたのは、直接思いを言葉にすることがマナー違反とされた時代だったそうです。心に秘めた思いを花に託して、人々はメッセージを伝えようとしたのです。「あなたを愛しています」と伝えるために、真っ赤なバラを贈るしかなかった世の中では、すべてのものがメッセージに見えていたのかもしれません。赤いバラを手渡して、相手に愛を理解してもらおうとするのは、「隠喩」「アナロジー」の原点だろうと思います。

当たるか当たらないかにかかわらず、「獅子座の人に、向こう3年、何が起こるか」ということを個別具体的に書くことはほぼ、不可能です。というのも、「獅子座の人」といっても十人十色、本当にさまざまな立場、状況があるはずだからです。可能性のあるすべての出来事を箇条書きにするようなことができなくはないかもしれませんが、それでは、なんのことだかかえってわからなくなってしまいます。ゆえに、こうした占いの記事は「隠喩」でいっぱいにならざるを得ません。

かのノストラダムスも、直接的な表現はほとんどしていません。彼は詩で占いを書き、後世の人々がその隠喩をさまざまに「解読」しようとしました。本書のような生活に根ざした「実用書」であっても、読み手側のすることはほとんど変わらないように思えます。すなわち、自分に起こりそうな出来事、すでに起こっている出来事と占いを照らし合わせ、そのシンボリズムを解読、デコードしていくのです。

ゆえに占いは、どんなに現実的なものであっても、「謎解き」の部分を含んでいて、神秘的です。そこには、解読されるべき秘密があるのです。

そして私たちの心にもまた、それぞれに自分だけの秘密があります。だれもがスマートフォンでSNSに接続し、どんなことでもテキストや動画で伝え合って「共有」している世の中では、まるで秘密などないようにあつかわれています。ですがそれでも、私たちの心にはまだ、だれにも打ち明けられない秘密があり、内緒話があり、まだ解かれない謎があります。

だれかに語った瞬間に特別なきらめきを失ってしまう夢もあります。だれの胸にもそんな、大切に守られなければならない秘密や夢があり、その秘密や夢を、希望といううっすらとした靄《もや》がくるみこんでいるのだと思います。

これだけ科学技術が発達してもなお、占いは私たちの「心の秘密」の味方です。本書が、この3年を生きるあなたにとって、ときどき大切な秘密について語り合えるささやかな友となれば、と願っています。

太陽星座早見表
（1930 ～ 2027年／日本時間）

太陽が獅子座に入る時刻を下記の表にまとめました。
この時間以前は蟹座、この時間以後は乙女座ということになります。

生まれた年	期　　間
1954	7/23 18:45 ～ 8/24 1:35
1955	7/24 0:25 ～ 8/24 7:18
1956	7/23 6:20 ～ 8/23 13:14
1957	7/23 12:15 ～ 8/23 19:07
1958	7/23 17:50 ～ 8/24 0:45
1959	7/23 23:45 ～ 8/24 6:43
1960	7/23 5:37 ～ 8/23 12:33
1961	7/23 11:24 ～ 8/23 18:18
1962	7/23 17:18 ～ 8/24 0:11
1963	7/23 22:59 ～ 8/24 5:57
1964	7/23 4:53 ～ 8/23 11:50
1965	7/23 10:48 ～ 8/23 17:42
1966	7/23 16:23 ～ 8/23 23:17
1967	7/23 22:16 ～ 8/24 5:11
1968	7/23 4:07 ～ 8/23 11:02
1969	7/23 9:48 ～ 8/23 16:42
1970	7/23 15:37 ～ 8/23 22:33
1971	7/23 21:15 ～ 8/24 4:14
1972	7/23 3:03 ～ 8/23 10:02
1973	7/23 8:56 ～ 8/23 15:52
1974	7/23 14:30 ～ 8/23 21:28
1975	7/23 20:22 ～ 8/24 3:23
1976	7/23 2:18 ～ 8/23 9:17
1977	7/23 8:04 ～ 8/23 14:59

生まれた年	期　　間
1930	7/23 23:42 ～ 8/24 6:25
1931	7/24 5:21 ～ 8/24 12:09
1932	7/23 11:18 ～ 8/23 18:05
1933	7/23 17:05 ～ 8/23 23:51
1934	7/23 22:42 ～ 8/24 5:31
1935	7/24 4:33 ～ 8/24 11:23
1936	7/23 10:18 ～ 8/23 17:10
1937	7/23 16:07 ～ 8/23 22:57
1938	7/23 21:57 ～ 8/24 4:45
1939	7/24 3:37 ～ 8/24 10:30
1940	7/23 9:34 ～ 8/23 16:28
1941	7/23 15:26 ～ 8/23 22:16
1942	7/23 21:07 ～ 8/24 3:57
1943	7/24 3:05 ～ 8/24 9:54
1944	7/23 8:56 ～ 8/23 15:45
1945	7/23 14:45 ～ 8/23 21:34
1946	7/23 20:37 ～ 8/24 3:25
1947	7/24 2:14 ～ 8/24 9:08
1948	7/23 8:08 ～ 8/23 15:02
1949	7/23 13:57 ～ 8/23 20:47
1950	7/23 19:30 ～ 8/24 2:22
1951	7/24 1:21 ～ 8/24 8:15
1952	7/23 7:08 ～ 8/23 14:02
1953	7/23 12:52 ～ 8/23 19:44

生まれた年	期　間
2003	7/23 15:05 ～ 8/23 22:08
2004	7/22 20:51 ～ 8/23 3:53
2005	7/23 2:42 ～ 8/23 9:46
2006	7/23 8:19 ～ 8/23 15:23
2007	7/23 14:01 ～ 8/23 21:08
2008	7/22 19:56 ～ 8/23 3:02
2009	7/23 1:37 ～ 8/23 8:39
2010	7/23 7:22 ～ 8/23 14:27
2011	7/23 13:13 ～ 8/23 20:21
2012	7/22 19:02 ～ 8/23 2:07
2013	7/23 0:57 ～ 8/23 8:02
2014	7/23 6:42 ～ 8/23 13:46
2015	7/23 12:32 ～ 8/23 19:37
2016	7/22 18:31 ～ 8/23 1:39
2017	7/23 0:16 ～ 8/23 7:20
2018	7/23 6:01 ～ 8/23 13:09
2019	7/23 11:52 ～ 8/23 19:02
2020	7/22 17:38 ～ 8/23 0:45
2021	7/22 23:28 ～ 8/23 6:35
2022	7/23 5:08 ～ 8/23 12:16
2023	7/23 10:52 ～ 8/23 18:01
2024	7/22 16:46 ～ 8/22 23:55
2025	7/22 22:31 ～ 8/23 5:34
2026	7/23 4:14 ～ 8/23 11:19
2027	7/23 10:06 ～ 8/23 17:14

生まれた年	期　間
1978	7/23 14:00 ～ 8/23 20:56
1979	7/23 19:49 ～ 8/24 2:46
1980	7/23 1:42 ～ 8/23 8:40
1981	7/23 7:40 ～ 8/23 14:37
1982	7/23 13:15 ～ 8/23 20:14
1983	7/23 19:04 ～ 8/24 2:06
1984	7/23 0:58 ～ 8/23 7:59
1985	7/23 6:36 ～ 8/23 13:35
1986	7/23 12:24 ～ 8/23 19:25
1987	7/23 18:06 ～ 8/24 1:09
1988	7/22 23:51 ～ 8/23 6:53
1989	7/23 5:46 ～ 8/23 12:45
1990	7/23 11:22 ～ 8/23 18:20
1991	7/23 17:11 ～ 8/24 0:12
1992	7/22 23:09 ～ 8/23 6:09
1993	7/23 4:51 ～ 8/23 11:49
1994	7/23 10:41 ～ 8/23 17:43
1995	7/23 16:30 ～ 8/23 23:34
1996	7/22 22:19 ～ 8/23 5:22
1997	7/23 4:15 ～ 8/23 11:18
1998	7/23 9:55 ～ 8/23 16:58
1999	7/23 15:44 ～ 8/23 22:50
2000	7/22 21:43 ～ 8/23 4:47
2001	7/23 3:27 ～ 8/23 10:27
2002	7/23 9:16 ～ 8/23 16:17

石井ゆかり（いしい・ゆかり）

ライター。星占いの記事やエッセイなどを執筆。情緒のある文体と独自の解釈により従来の「占い本」の常識を覆す。１２０万部を超えた「12星座シリーズ」のほか、多くのベストセラー&ロングセラーがある。『月で読む あしたの星占い』『新装版 12星座』（すみれ書房）、『星占い的思考』（講談社）、『禅語』『青い鳥の本』（パイインターナショナル）、『星ダイアリー』（幻冬舎コミックス）ほか著書多数。

ＬＩＮＥや公式Ｗｅｂサイト、Ｉｎｓｔａｇｒａｍ、Ｔｈｒｅａｄｓ等で毎日・毎週・毎年の占いを無料配信中。

公式サイト「石井ゆかりの星読み」https://star.cocoloni.jp/

インスタグラム　@ishiiyukari_inst

［参考文献］

『完全版 日本占星天文暦 1900年～2010年』
魔女の家BOOKS　アストロ・コミュニケーション・サービス

『増補版 21世紀占星天文暦』
魔女の家BOOKS　ニール・F・マイケルセン

『Solar Fire Ver.9』（ソフトウエア）
Esotech Technologies Pty Ltd.

［本書で使った紙］

本文　アルトクリームマックス
口絵　OK ミューズガリバーアール COC ナチュラル
表紙　バルキーボール白
カバー　ジェラード GA プラチナホワイト
折込図表　タント N-56

すみれ書房
石井ゆかりの本

新装版 12星座

定価 本体1600円+税
ISBN978-4-909957-27-6

生まれ持った性質《しくみ》の、深いところまでわかる、
星占い本のロングセラー。

星座と星座のつながりを、物語のように読み解く本。
牡羊座からスタートして、牡牛座、双子座、蟹座……魚座で終わる物語は、読みだしたら止まらないおもしろさ。各星座の「性質」の解説は、自分と大切な人を理解する手掛かりになる。仕事で悩んだとき、自分を見失いそうになるとき、恋をしたとき、だれかをもっと知りたいとき。人生のなかで何度も読み返したくなる「読むお守り」。

イラスト:史緒　ブックデザイン:しまりすデザインセンター

3年の星占い　獅子座
2024年-2026年

2023年11月20日第1版第1刷発行

著者
石井ゆかり

発行者
樋口裕二

発行所
すみれ書房株式会社
〒151-0071　東京都渋谷区本町6-9-15
https://sumire-shobo.com/
info@sumire-shobo.com〔お問い合わせ〕

印刷・製本
中央精版印刷株式会社

ISBN978-4-909957-33-7　Printed in Japan
NDC590　159p　15cm